子供に読み聞かせたい

日本人の物語

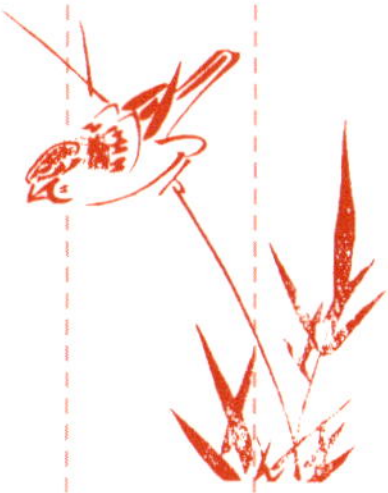

urabe kenshi
占部賢志

致知出版社

はしがき

昔から偉人伝は子供の心を鼓舞する最良のテキストでした。今も依然として人気があります。しかしここで留意したいのは、「偉人」とはどんな人を指すのかという点です。例えば、個人のサクセス・ストーリーなどは人に発奮を促しますが、それだけで偉人と呼ぶのは違和感を覚えます。この世の一隅を照らして人生をまっとうした人——そういう先人を偉人と呼びたいと私は考えます。

今、子供たちに偉人伝を教える上で心がけておくべきことは何か。それは、どんな人生を送った人が偉人といえるのか、その肝心の中身を明確に示すことなのです。本書はそうした観点から編まれています。ぜひその具体的な人間像を本書に登場する多士済々《たしせいせい》の先人の生き方から汲み取って頂ければ幸甚です。

もう一つ、古典や歴史を学ぶ際に何が大切か、福住正兄《ふくずみまさえ》の『二宮翁夜話』に出て来る二宮尊徳の言葉を紹介しておきます。尊徳いわく、聖賢の教えは世の中を潤沢にする水のようなもの。これが書物となれば氷になったも同じで世の役には立たない。その注釈ともなれば、氷にぶらさがった氷柱《つらら》であって本来の水の用はなさない。そう述べて、こう語るのです。

「さて此氷となりたる経書を、世上の用に立んには胸中の温気《うんき》を以て、能《よ》く解して、元の水として用ひざれば世の潤沢にはならず。氷を解すべき温気胸中になくして、氷の儘《まま》にて用ひて水の用をなす物と思ふは愚の至りなり」

要するに、氷を解かす「温気」が君の胸中にまんまんと湛《たた》えられているか否か。そこが大事なのだと説くのです。読んだ本の数やら知識よりも前に、学ぶ当事者の意思と情熱を問う尊徳の厳しい視線に、私は背筋が伸びる心地がします。胸中の「温気」、私たちが歴史に学ぶ心得としても後生大事にしたいものです。

◯

本書に収録した二十五編の史話は、いずれも月刊誌『致知《ちち》』に連載したものです。頁をめくると、一話ごとに挿し絵が載っています。これは、福岡市にアトリエを構え、優れた作品を世に出されているイラストレーターの竹中俊裕氏が連載中から毎回描いて下さったものです。お蔭で臨場感溢《あふ》れる誌面となりました。ここに衷心より御礼申し上げます。

また、出版に際しては、藤尾秀昭社長をはじめ編集担当各位にお世話になりました。とくに、川久保守氏には四年におよぶ連載の牽引役を務めて頂き、感謝に堪えません。原稿を送るたびに返信される的確な読後感は、連載を続ける何よりの励みでした。ここに記して謝意を表します。

さて、私は今年の正月早々に突然の病に倒れ、一ヶ月余の入院を余儀なくされました。その間、母マツエ、妻暢子、我が子の周平、矩尚、志織の五人に献身的な看病と世話を受け、先月退院したばかりです。私事で恐縮ながら、本書を我が家族に献じて「はしがき」とします。

平成二十五年三月二十五日

著者　占部賢志

子供に読み聞かせたい日本人の物語＊目次

第三章　家族のきずな

第四章　我が師の恩

第五章　国を守る

第一章

日本人のこころ

日本人と鯨の物語

欧米とは異なる捕鯨文化

最近の反捕鯨《ほげい》を主張する国や団体の振る舞いには目に余るものがあります。彼らは私たちを指して鯨《くじら》を殺す残虐《ざんぎゃく》な日本人と繰り返し非難中傷《ひなんちゅうしょう》しますが、時代を遡《さかのぼ》れば、今日の反捕鯨国の多くは、かつては世界に名だたる捕鯨国だったのです。

彼らの目的は「鯨油《げいゆ》」を得ることにあり、海上で剥《は》ぎ取った脂皮をボイルして油だけを採り、鯨肉や内臓、骨のたぐいは残らず海中に投げ棄《す》てて平然たるものでした。

しかし、十九世紀後半に石油が採掘されて以来、捕鯨には見向きもしなくなります。彼らにとって鯨は一種の「鉱物資源」としての扱いだったといってよいでしょう。

これに対し、日本人の鯨への接し方はまるで事情を異にします。我が国の捕鯨は遙《はる》か古代にまで遡ることができます。

根室の弁天島貝塚遺跡から出土した骨片には鯨を捕獲しようとする様子が描かれ、長崎県壱岐《いき》の古墳などにも同様の壁画が残されています。

『古事記』の神武天皇の条には有名な久米歌《くめうた》が載っていますが、その最初に掲げられた歌謡の中に「いすくはし久治良《くじら》さやる」なる一節が見えます。「久治良」は鯨のこと、「勇ましくでっかい鯨がかかったぞ」という意味です。

このように、大昔から日本人は鯨に親しんできたのです。慶長十一（一六〇六）年には捕鯨専門の「鯨組」が成立、江戸時代に捕鯨は飛躍的に発展を見ます。

戦後の食糧難に貢献

江戸前期の食物本草書『本朝食鑑《ほんちょうしょっかん》』によれば、鯨一頭を捕獲すれば七つの村が賑《にぎ》わい、一年に三頭も捕らえたら巨万《きょまん》の富を得るほどだったといいます。後期になると、鯨のあらゆる部位をいっさい無駄にせず完璧《かんぺき》に役立てるようになりました。

平戸藩の鯨組「益富家《ますとみけ》」が天保三（一八三二）年に作成した『鯨肉調味方』には、鯨には七十か所におよぶ部位があり、そのうち六十八か所を食すことが可能とされ、刺身、湯引き、揚げ物、ステーキなど、それぞれの部位の調理法が懇切《こんせつ》に解説されています。

欧米に見られる鯨油目的の捕鯨ではなく、鯨がもたらす恵みをあますところなく受容することこそ、鯨に対する礼儀と見る文化にほかなりません。

敗戦直後の昭和二十年、戦時中に中断されていた捕鯨を再開、南氷洋《なんぴょうよう》に出漁して食糧危機を打開しようとした時、オーストラリアやニュージーランド、イギリスなどが反対したことがあります。

この時、連合国軍最高司令官のマッカーサーは、「捕鯨船と熟練した乗組員を擁《よう》している日本は、みずからの生命を維持するため食糧を確保し、かつ世界的な鯨油の不足を補う手段を持っている。緊急を要するこの際、これらの施設を利用しなければならない」と述べて、捕鯨再開を許可しました。

国会ではマッカーサーに感謝の意を表明する決議まで行っています。こうして供給されることになった鯨肉のおかげで戦後の食糧難は克服された側面があるのです。

筆者の世代にとって鯨の竜田揚げは学校給食の定番でした。少年期のなつかしい思い出です。

全国津々浦々に建つ鯨墓

もう一つ、特筆したいのは、鯨への感謝と弔意《ちょうい》を示す鯨墓《くじらばか》の存在です。墓だけではなく、過去帳に鯨の戒名《かいみょう》まで載せたり、位牌《いはい》をつくるなどしています。ほかに供養塔や絵馬、梵鐘《ぼんしょう》や記念碑、燈籠《とうろう》まで存在します。その分布は北海道から九州に及び、百二十余か所を数えるほどです。

例えば、北海道の函館には「鯨族供養塔」がありますが、これは昭和三十二年九月、遠洋捕鯨会社船長兼砲手だった天野太輔が八十三歳の時に建てたものです。

銘文《めいぶん》によれば、明治四十年以来二千余頭の鯨を捕獲してきたが、老齢に至って人生の無常を痛感、「其ノ罪誠ニ慙愧《ざんき》ニ耐エズ、此等諸霊ノ菩提《ぼだい》ヲ弔《とむら》ワン」として建立したのだといいます。

生業とはいえ、生きとし生けるものに手をかけてきた来《こ》し方を回顧し、鯨に対する鎮魂《ちんこん》の誠を捧《ささ》げたのでしょう。捕鯨に携《たずさ》わった者の多くは、こうした思いを胸に刻んで人生を生きたのです。その証《あか》しの一つが、こうした供養塔の存在にほかなりません。

明治三十八年正月のこと、岩手県の湾内に体長二十七メートルものシロナガス

クジラが進入したことがありました。

どうもシャチに襲われたらしく、捕獲した地域はおかげでうるおったそうですが、のち自然石に「弔大鯨之霊」と刻んで村を挙げて弔ったといいます。

「我は唐桑御明神の使なり」

宮城県気仙沼《けせんぬま》の東方にある唐桑《からくわ》半島にはこんなエピソードが伝わっています。

寛政十二（一八〇〇）年、大須賀屋安四郎が持ち船で江戸へ向かう途中、暴風雨に巻き込まれ、今にも遭難しそうになった時、突如《とつじょ》海上に白鯨が出現して船を安全に導き助けてくれたのだそうです。

この顚末《てんまつ》を記録した「御崎明神冥助《みょうじょ》の記」が地元の日高見《ひたかみ》神社に保存されています。その一節に、

「房州九十九里の沖かとおぼゆるところに至り、颪いよいよ烈《はげ》しく、波いよいよあらかりければ、命いくべくともおぼえず。しかるに、たちまち声あり。……我

は唐桑御明神《おみょうじん》の使なりと。すなはち白鯨艇前にうかび、また無数の大魚つらなり出たり。……白鯨、荒波をわけて先導し、無数の大魚は小艇をさしはさみてあいうち、浪をしのぎ、東の方にすすみゆく。……鯨魚にしたがひて流れけるに、十八日に御崎ちかき所に至り、明神の氏子《うじこ》、中川原の十右衛門にあひその漁舟のつなにひかれて、みやしろにややちかづきければ、白鯨はいつかみえず大魚も潮を吐いて四方にちりぬ。我十六人は祓川《はらいがわ》の浜につき、広前に登り、悲喜の感涙出でてやまず」

とあります。

大須賀屋一行が絶体絶命に陥ったその時、「我は唐桑御明神の使なり」との声が聞こえ、多くの大魚とともに一頭の白鯨が出現、逆巻《さかま》く波浪《はろう》から船を守り、安全な海岸まで先導して救助してくれたというのです。

日高見神社の境内には鯨塚が二基建立されていて、以前から頌徳碑《しょうとくひ》として仰がれていました。大須賀屋安四郎たちが難を逃れ得たのも、その功徳《くどく》と信じられ、以後長く顕彰《けんしょう》されています。千葉県南房総市には石造りの祠《ほこら》が二基並んで建っていますが、これは大正五年頃の設置で、鯨と胎内から出た子鯨を哀れに思って捕鯨関係者が埋葬したものです。

鯨への慈悲と感謝

こうした供養は各地で代々受け継がれていきました。高知県室戸市の中道寺には鯨供養の梵鐘《ぼんしょう》が奉納されていますが、この鐘に刻まれた銘文にその証左を見ることができます。

「余が家、捕鯨を為すこと長く久し。……獲る所の魚、殆《ほとん》ど将《まさ》に千頭ならんとす。今春、中道寺の住僧日祥に託して妙経数千部を読経し、以て供養を設く。然《しか》りと雖《いえど》も、心なほ未だ安からず。因《よ》つて思ふに余が曾祖父元貞、嘗《かつ》て鑄鐘施寺の志あり。未だ果たさずして歿《ぼっ》す。余その志を嗣《つ》がんと欲す」

こう記したのち、「家業世々に栄ゆ。即ち殺生《せっしょう》なりと雖も、惻隠《そくいん》の真情あり」と結んでいます。鯨のおかげで先祖代々家業は繁盛してはいるが、「惻隠の真情」すなわち鯨に寄せる慈悲と感謝の心は常に持ち続けたいとの思いにほかなりません。時は天保八（一八三七）年のことです。

大分県臼杵《うすき》市の大泊《おおとまり》には、明治四年建立の「大鯨魚宝塔」と呼ばれる鯨塚があり、毎年二月一日には地域を挙げて欠かさず法要を行い、昭和四十四年には百回忌法要が営まれています。

このように、鯨を殺生して人間が恵みを受けることに、日本人は実に真摯《しんし》でした。欧米のごとき鯨油だけを採ってあとは残骸《ざんがい》として拋《ほう》り捨てるなど、鯨に対して申しわけなしと思う感覚を育てた民族なのです。

佐賀県唐津市小川島に伝わる資料「小川島鯨鯢《げいげい》合戦」（天保十一年）に見える次のような記述に日本人独特の「惻隠の情」が偲《しの》ばれます。

「人に生死あり。万物皆然り。鯨の大なるも白魚の小なるも命にかはることとなし。

……大魚皮肉一寸捨る所なく数百人の世わたりを助け……其潤《うるおい》となれるは功徳広大なり。このゆゑに、……数多の僧徒を請待し、鯨鯢の供養を営み亡鯨の日を卒《そ》塔婆《とうば》に書して、……両手を合せ殊勝《しゅしょう》に念仏を唱ふれば、死したる鯨も成仏すべし」

これが捕鯨に携わる漁師たち、その恵みを蒙《こうむ》った津々浦々の人々の偽らざる心境でした。「大魚皮肉一寸捨る所なく」というように、そのすべての恵みをいただけることを「功徳広大」と見るところに、日本人の捕鯨哲学が見事に表現されているではありませんか。

昨今のシーシェパードなどによる反日キャンペーンは、かつて彼らが繰り広げた残忍非情の鯨狩りに対するカムフラージュの面もあるのではないかと思われます。

海洋生態系の再生のためにも適切な捕鯨の再開を訴える我が国の主張に、ようやく賛同する国々が漸増《ぜんぞう》しつつあります。今後も毅然《きぜん》たる姿勢を臨みたいものです。

アルゼンチン武官の見た日露戦争

装甲巡洋艦「日進」の奮戦

世界で「ツシマ」といえば、日本海海戦のことを指しますが、この海戦が長崎県対馬《つしま》沖で繰り広げられたのは明治三十八（一九〇五）年五月二十七日、二十八日の両日のことです。

この時、連合艦隊司令長官の東郷平八郎は、矢の如く北進してくるバルチック艦隊に対し、左へ敵前回頭して迎え撃つという、いわゆる「丁字戦法」をとった戦史はあまりに有名です。

連合艦隊は六隻単位で編成されていました。東郷司令官は第一戦隊の先頭を担う旗艦《きかん》「三笠」に乗船、しんがりは巡洋艦「日進」が務めました。

連合艦隊がぐるっと左旋回《せんかい》を始めた時、バルチック艦隊から見れば、回頭中の艦は止まっているように見える。だから、ここぞとばかり旋回地点に猛攻撃を加えたのです。

甚大《じんだい》なダメージを受けたのは日進でした。最後尾のため、しだいにロシア側の照準が合い、砲弾《ほうだん》が命中してきたからです。

司馬遼太郎氏は『坂の上の雲』の中で「日進」被弾の凄絶《せいぜつ》さをこう書いています。

「十二インチ砲弾が飛んできて、前部主砲の砲塔《ほうとう》に命中……。このため右側の砲身は吹っ飛んで海中に落ち、弾片が四方に散ってその一部は艦橋《かんきょう》にいた参謀松井健吉中佐の胴から下をうばって即死させ、さらに鉄片群は上甲板、中甲板、下甲板を襲い、十七人を死傷させた。そのあとさらに九インチ砲弾が、すでに廃墟《はいきょ》になっている前部主砲の砲塔に落下して大爆発し、その破片は司令塔のなかに飛びこみ、司令官三須《みす》宗太郎中将や航海長を負傷させた」

　このように、艦内は混乱の極みに陥る。それほどの砲弾を日進は浴びたのでした。

　ところが、翌朝、ロシア側のネボガトフ艦隊は連合艦隊に対し戦意をすっかり喪失します。日本側の艦の陣容《じんよう》にまったく変化がなかったからです。

　例えば日進は戦闘不能に陥っているはずなのに、ロシア側に迫ってきたのです。かくて、ロシア側のネボガトフ司令官もついに降服を覚悟します。

観戦武官ガルシア大佐

　では、満身創痍《まんしんそうい》の日進がなにゆえ翌日も戦闘に参加し得たのでしょうか。

　実は日進にはアルゼンチン海軍所属のドメック・ガルシア大佐が乗船していました。そして、艦内の危機的状況下、助力を惜《お》しまなかったのです。この事実が近年明らかにされています。以下はその経緯にほかなりません。

　実は連合艦隊に編入された、「日進」「春日」という二隻の装甲巡洋艦《そうこうじゅんようかん》は、開戦直前にアルゼンチンから購入したものでした。

二十世紀に入るや、アルゼンチンはチリとの関係が悪化し、海軍力増強のためにイタリアの造船所に巡洋艦二隻を発注。ドメック・ガルシア大佐は現場監督として派遣されます。

この二隻は「モレノ」「リバダビア」と命名され、一九〇三年二月には竣工《しゅんこう》を迎えますが、イギリスの調停によってチリとの紛争は回避されることとなります。

この情報を得た小村寿太郎外相は、早速連合艦隊補強のために購入を決め、

ついに最新鋭の巡洋艦を手に入れることに成功します。モレノは「日進」、リバダビアは「春日」と改名されました。

ところで日本海海戦に際し、各国は選《え》りすぐりの海軍武官を我が国に派遣します。中立の立場で艦隊に乗り込み、この一大海戦を観戦し、参考にするためです。四十二名の錚々《そうそう》たる海軍武官が世界から集まったといいます。

しかし、いざ出陣となると、連合艦隊の壊滅《かいめつ》を予想して殆《ほとん》どが降りてしまいます。残ったわずかの武官の一人がガルシア大佐でした。彼はみずからが造った愛すべきモレノ、「日進」に乗り込んだのです。

しかるに、日進は集中砲火を浴び危機に瀕《ひん》します。この時、日露戦争の正義は日本にありと見ていたガルシア大佐は、観戦武官としての中立の立場を敢《あ》えて破り、砲撃を手伝うのです。ちなみに、大佐はのちのアルゼンチン海軍大臣を務めた人でもあります。

この秘められた史実は、平成十一年にガルシア大佐の孫ホラシオ氏が初めて明らかにしたものです。曰《いわ》く、「祖父は砲術士官であり、『日進』の破壊された砲台の射手として手伝ったことを常に自慢して話してくれました。……祖父は日本を知り、この戦争の意味を知っていたからこそ、信念をもって協力に踏み切った」と。

日露戦争終結後、明治天皇はガルシア大佐に金蒔絵《まきえ》の文箱と菊の御紋章入り一《いち》輪挿《りんざ》しを贈られています。おそらく、この事実を御存じだったのでしょう。

平成十一年十一月、アルゼンチンの首都ブエノスアイレスにある日亜学院に秋篠宮殿下の名を冠した「秋篠宮文庫」が設立されましたが、この開所式で明治天皇の贈り物も初公開されています。

アルゼンチンの日本認識

ところで、当時のアルゼンチンは日本をどのように見ていたのでしょうか。日本からもっとも遠い地球の反対側に位置する国でありながら、実は我が国に対する強い関心を抱き続けた国がアルゼンチンでした。

そもそも、アルゼンチンは長い間スペインの支配下にありましたが、一八一六年にようやく独立を達成。また周辺のチリやコロンビア、ペルーなども相次いで独立し、ラテンアメリカ諸国は新たな時代を迎えることとなります。

中でもアルゼンチンは、ヨーロッパ列強の干渉を排するモンロー主義のアメリカにも、またヨーロッパ諸国に対しても与《くみ》せず、独自のスタンスをとっていました。そのために独立国家としては格段に緊張を強いられる状況下にあったのです。

こうした背景のもと、我が国との交流が正式に発足するのは日亜修好通商航海条約を締結した一八九八年のことでした。以来、急速に日本への関心が高まり、旺盛《おうせい》な日本研究が進められるのです。

例えば、『ラテン・アメリカ論集』（第三十三号）に収録の今井圭子氏の論文「アルゼンチン主要紙に見る日露戦争の当時の日本報道」に紹介されているアルゼンチンの新聞「ナシオン」紙は、日露戦争終結直前の一九〇五年七月五日付の論説「西洋と東洋」の中で、このように書いています。

「人類の量と質とを代表するゴリアテとダビデが再び戦闘を交え、外見上小さな存在であるダビデが、大きな存在である巨人ゴリアテを打ち負かしたのである。……この度は交戦国の一方が東洋と西洋の二面性を同時に備えており、その国が歴史に記録されるもっとも偉大な成功をおさめたのである」

日露戦争を旧約聖書「サムエル記」に登場する巨人戦士ゴリアテに挑んだ羊飼いの少年ダビデの戦いに例えているあたりは、さすがにカトリックの国です。その「ダビデ」日本が「ゴリアテ」ロシアにどうして勝ち得たのか。それは日本が「東洋と西洋の二面性」を兼ね備えていたからだというのです。

消るべきは日本の国柄

では、「ナシオン」紙が日本の勝因として挙げた「二面性」の中身とは何でしょうか。

それは、「日本は東洋にあって西洋文明のすぐれた部分をとり入れ、また他方では自国の伝統を遵守《じゅんしゅ》し、継承している国」であり、この伝統は聖徳太子以来のことだと見るのです。その上で、和魂洋才の日本の国柄をこのように称《たた》えています。

「現在アジアで憲法をもつ唯一の国である日本は、威喝《いかつ》によってではなく、道徳によって社会を律し、国家への忠、親への孝、夫婦の和、兄弟の愛が、宗教人としてではなく、社会人、家庭人としての義務とされている」

ここにいう、「威喝によってではなく、道徳によって社会を律し…」以下の一文が、明治二十三（一八九〇）年に発布された「教育勅語」の次の一節を指しているのはいうまでもありません。

「爾《なん》臣《じ》民父母ニ孝ニ兄弟《ていけい》ニ友ニ夫婦相和シ朋友《ほうゆう》相信シ恭倹《きょうけん》己レヲ持シ博愛《はくあい》衆ニ及ホシ学ヲ修メ業ヲ習ヒ以テ智能ヲ啓発《けいはつ》シ徳器《とっき》ヲ成就《じょうじゅ》シ進テ公益ヲ広メ世務《せいむ》ヲ開キ常ニ国憲ヲ重シ国法ニ遵《したが》ヒ一旦緩急《かんきゅう》アレハ義勇《ぎゆう》公《こう》ニ奉シ……」

そうか、これなのだ、この歴史に根ざした高い倫理感こそが日本を勝利に導いた根本の理由なのだ、とアルゼンチンは膝《ひざ》を打って合点したのです。我々も肖《あやか》りたいものだ、と。

さらに、以上のような日本研究に基づいて、このように結論づけました。

「勝利をもたらすのは爆薬の威力ではなく、人間なのである。日露両国民の精神は十世紀も十五世紀もかけて形成されてきたのであり、その結果として四五〇〇万人の日本人が一億三五〇〇万人のロシア人を打ち破ったのである」

すなわち、戦地で指揮を執《と》る将帥《しょうすい》も前線で敢闘《かんとう》する兵卒も、さらには銃後を守る人々も含めて国民の資質が極めて高く国家の基盤を形成している。そこに日本の真の姿があると洞察《どうさつ》したのです。

前述のように、ガルシア大佐が連合艦隊に一臂《いっぴ》の力を仮《か》した背景には、こうしたアルゼンチンの深い日本理解が背景にあってのことなのです。翻《ひるがえ》って、私たちはかつてのアルゼンチンほどの日本認識を持っているでしょうか。現状を見るに恥ずかしい限りです。今こそ、自国の国柄を学ぶ機運《きうん》を興《おこ》したいものと願わずにはいられません。

角倉素庵の貫いた「信」の貿易

豪商角倉家の逸材

その昔、江戸幕府が鎖国《さこく》体制に入る前の近世初期の頃、我が国は活気溢《あふ》れるアジア貿易を展開した一時期があります。最盛期にはインドシナ半島の市場において優位を占め、オランダやイギリスをも圧倒したほどです。史上、朱印船《しゅいんせん》貿易と呼ばれています。

ここに取り上げるのは、その先駆者の一人である貿易商の角倉素庵《すみのくらそあん》と、彼が師事した儒学者藤原惺窩《ふじわらせいか》とが貿易を進める上で相手国へ呼び掛けた一通の手紙です。その前にまず、素庵の人となりを紹介しておきましょう。

素庵の父は角倉了以《りょうい》といい、海外貿易商並びに河川開発事業家としても名高い人物です。素庵はこの父の膝下《しっか》に育ちました。了以が十八歳の時の子ですから、素庵は長年に及んで父と協同し、朱印船貿易をはじめ様々な事業に当たっています。

了以の長男として生まれたのは元亀二（一五七一）年で、実務者としての能力のほかに学問にも深く傾倒しました。とりわけ、十四歳の頃から漢学に親しみ、十八歳になると、京都の相国寺《しょうこくじ》にその人ありと知られた、近世儒学の祖とうたわれる藤原惺窩に師事します。のち林羅山《はやしらざん》と相知り、惺窩に紹介して二人を引き合わせたのも素庵でした。

本業の傍《かたわ》ら出版事業も手掛け、本阿弥光悦《ほんあみこうえつ》の協力を得て「嵯峨本《さがぼん》」と呼ばれる古典・謡本《うたいぼん》を中心に見事な装丁の作品を続々と刊行した点は特筆に値します。

晩年は幕命で近江国《おうみのくに》坂田郡の代官、また淀川転運使や木曾川採運使などを命ぜられていますが、やがて病のために隠居、寛永九（一六三二）年に死去、享年六十二歳でした。

安南国への手紙

角倉了以による南方方面への貿易開始は、『東照宮御実紀』の慶長八（一六〇三）年のくだりに見えています。この時、素庵は三十三歳で父とともに貿易に関与することになりました。

翌年、二度目の貿易船が派遣されることになりますが、この時に安南国（ヴェトナム）との今後の通商に関して、日本側の要望を認《したた》めた手紙を送ったのです。これを発案したのが素庵であり、その草稿《そうこう》を依頼されて執筆したのが藤原惺窩でした。

その文面には、素庵と惺窩が協同して創り上げた、我が国のアジア貿易に臨む基本姿勢がうかがえます。手紙はまずこう書き出されています。

「日本国書を安南国頭目黄公に致す、比年鴒船《れいはく》往還し二国の情好稍《やや》徴すべし、感《かん》佩《ぱい》惟《い》れ《こ》深し、甲辰（慶長九年）六月、我舟人恙《つつが》なく帰り、復書を辱《かたじけな》くす、添ふるに嘉幣《かへい》若干を以つてす。厚意言ふべからず。書中謂《い》ふ所は、一に信の一語に止まる。誠に是れ、家国治教の要《かなめ》なるか。夫《そ》れ信は吾が人性の固有にして、天地に感じ金石を貫き、以つて通ぜざるなし。豈《あ》にただ隣交通好のみならんや、是れ千里その風同じからずと雖《いえど》も、五方皆此の性を殊《こと》にせざる所以《ゆえん》の者なるか。是に由《よ》つて之を見れば、則ちその同じからざるは、特に衣服、言語の末のみ。然れば則ち千里万里遠しと雖も、衣服・言語は殊にすと雖も、其の遠からず殊にせざる者有りて存す。是れ所《いわ》謂《ゆる》一に信を以てなり」

要約すればこういう意味です。この

手紙でいいたいのはただ一つ、お互いの交易において何より「信」を大事にしたい。信はいかなるものをも貫徹《かんてつ》し、通じ合う力を持っている。言語や風俗が異なっていても、またどれほど遠く離れていようとも、双方に相通うものこそ「信」なのである。この一点を守って交易に臨もうではないか。

これが素庵と惺窩が発信した異国への切なる願望でした。信あって初めて交易を結ぶことが出来る。利益を上げることのみに汲々《きゅうきゅう》していては早晩破綻《はたん》しよう。素庵も惺窩もそう考えたのです。

「信」——日本の伝統思想

ここで筆者は、権謀術数《けんぼうじゅっすう》渦巻く蘇我《そが》氏専横の時代に、

「信はこれ義の本なり。事毎に信有るべし。其れ善悪成敗要ず信に在り。群臣共に信あらば何事か成らざらむ。群臣信無きときは、万事悉《ことごと》く敗《やぶ》る」

（「憲法十七条」第九条）

と力強く宣言された聖徳太子の言葉を思い起こします。

人であろうと国のレヴェルであろうと、根底に信を分かち持つ。これが太子以来の日本の倫理観でした。この伝統が未知の国との交易開始に当たって甦《よみがえ》るのです。何を先方に伝えるか、思案の挙げ句、「信」のほかにあるまい、いやこれ以外にない。そうした自問自答の末に到達した確信が惻々《そくそく》と伝わってきます。

もう一つ、この「信」に関して、素庵とほぼ同時期の思想家鈴木正三《しょうさん》（一五七九～一六五五）が書き遺《のこ》した『盲安杖《もうあんじょう》』の一節を紹介しておきましょう。

「信有《あり》て忠孝を勤《つとめ》よ。名利につかはるゝ時は、まことなし。縦《たとい》、主人の心に叶《かない》て親く仕ふる人なりとも、誠有《ある》は稀なるべし。唯我身よからしめんためのこゝろざしにて、貪《むさぼ》る心につかはるゝ、なるべし」

忠孝の精神は「信」があって本物となるのだと鈴木はいうのです。人はあたかも忠孝に尽くしているかのように見えても、みずからの利益のために励んでいるケースも多い。そう指摘した上で次のように述べています。

「忠孝の道、誠有はかたかるべし。忽《たちまち》一陣にすゝみ出、死をいたす輩《やから》も、名利《みょうり》をおもふためなるべし。去程《さるほど》に譽《ほまれ》をもとめて、所領をむさぼり、祿のすくなき事をうらみ、或は人と好悪を諍《あらそい》て人のこゝろざしをうばはん事を専《もっぱら》とす。是偏《ひとえ》に義をしらずして、欲心に任せて、恥を勤る故なり。信有て忠を盡《つく》さば、なんぞ我身をかへりみん」

鈴木は、名利に走ろうとする「忠孝の道」をいやというほど見尽くしたに違いありません。今の世には何かが欠けている。その最たるものが信だと見たのです。この信を見失って忠孝、忠孝と声高に称揚《しょうよう》する世の風潮の奇怪さ。そうした人の世に生じやすい似非《えせ》忠孝を剔抉《てっけつ》してやみませんでした。

素庵と鈴木との間には、とくに親しい交流はありません。しかし、激動の時代を生きた、透徹《とうてつ》した思想家には人間の真実が見えていたのです。今の世に求められるのは、このような本物の思想の力なのではないでしょうか。

「二国その信を失はざれば」

さて、安南国への手紙はさらに次のように続きます。

「凡《およ》そ舟人は市児販夫の徒に命じ、僅《わず》かに小利を見て則ち大辱《だいじょく》を忘る。其の言は多く喜怒の姿に任せ、其の信を取るに足らず。今よりして後、二国の信は書に在り、書の信は印に在り、是を以つて証となすのみ。故に今舟人に付するに今夏の復書を以つてす。貴国仔細《しさい》に検せよ」

文中の「今よりして後」以下は、両国の信を担保する証《あか》しとして朱印状を用いる旨を確認している箇所です。信といってもいたずらに抽象的であってはならない。当時、官許を得ず、しかも信義を欠いて利益のみをむさぼるよこしまな通商も見られたのです。

　そこで、「二国の信は書に在り、書の信は印に在り、是を以って証となすのみ」と要請したわけです。実に用意周到な措置です。文面はこう結ばれています。

「書中又言ふ。貴国は詩書礼義の国にして、市貨会集の地に非ず。苟《いやしく》も市貨商賈の事は、惟《た》だ利是れ務とす、真に鄙《いや》しむべしと。……二国その信を失はざれば、則ち縦《たと》ひ小大有りと雖も、何ぞ好まざる事を生ずるに至らんや」

　貴国は徳を重んずる国柄であって利を専らとする国ではない。その根底はひとえに信にある。従って我ら両国の間に信を保てば、多少の齟齬《そご》があろうと克服出来る。このように、繰り返し説いてやまなかったのです。

安南国王からの返信

　では、こうした信を重んずる呼び掛けは相手国に通じたのでしょうか。

その確かな証左が、以後毎年一度の朱印船貿易が続けられた事実であり、さらに慶長十四（一六〇九）年の海難事故の際の救援活動に見ることが出来ます。

この年、安南国での通商を終え、日本に向けて出港した角倉船が現地の沖合で折からの強風を受けて難破《なんぱ》する事故に遭いました。

日本人十三名は溺死《できし》しましたが、沿岸に近かったこともあり、乗組員の大半は救助されたのです。この時の安南国の対応はまことに丁重だったと伝えられています。

九死に一生を得た日本人二百余名は、安南国諸侯の施設に分散して収容され、衣食等の提供を受け保護されました。こうした対応こそ、素庵の呼び掛けに応えた安南国側の厚意にほかなりません。

元和五（一六一九）年、安南国では国王神宗が即位、五年後には角倉船に託して我が国に深甚《しんじん》なる書状を送ってきました。いわく、「海程万里、視一心同、義は兄弟のごとく少しの違いもなく、大義千年、義本財末、以て名を両邦にあらはさん」と。

いかに万里を隔《へだ》てていても、我等の心は一つ。信義は兄弟のごとく、私利を抑え義を本とすることを以て今後も両国の絆《きずな》としたい。そういう趣旨の文面です。

このように、真心溢れる信義が貫かれてこそ、豊かな経済交流は奇跡の発展を見る。歴史はその真実を教えているのです。

「大和魂」の生みの親・紫式部

ます。

「大和魂はそれ天狗の類か」

夏目漱石の名作『吾輩は猫である』に、大和魂《やまとだましい》に関してこんなくだりが出てき

「誰も口にせぬ者はないが、誰も見たものはない。誰も聞いた事はあるが、誰も遇つた者がない。大和魂はそれ天狗《てんぐ》の類《たぐい》か」

要するに、人々は盛んに「大和魂」なる言葉を口にするが、あらためてその意味を問われると、たちまち返答に窮《きゅう》する。そんな風潮が早くも明治時代後半には

広がっていたのです。

この小説が『ホトトギス』に発表されたのは明治三十八年から翌年にかけてのこと、日露戦争の勝利もあり、民衆に驕《おご》りが生じた時期でもありました。日露戦争がいかに苦難の戦いであったか、その激戦の苦労を偲《しの》ぶというより、勝ったという一点に大衆は酔いしれる。勝った側が賠償金もとれずになんだという憤懣《ふんまん》が渦巻き、日比谷焼打ちの騒擾《そうじょう》が起きたのも同じ頃です。

かくて夜郎自大《やろうじだい》な意味の「大和魂」が人々の口にのぼり、実体のないスローガンとして広がり始めたのです。そうした底の浅い風潮に漱石は頂門《ちょうもん》の一針《いっしん》を加えたといってよいでしょう。

こうした浮薄《ふはく》な風潮は昭和前期まで続いています。しかるにその実体は、口にする者も煽《あお》るマスコミも、定かに説明し得なかったのです。せいぜい、「日本固有の勇ましい気概」などと言い換える程度でした。

そこで今回は「大和魂」という言葉の歴史的な由来をたずねてみることにします。

光源氏が語る「大和魂」

実は、「大和魂」なる言葉は遙《はる》か千年前の平安時代に女性が創出したものでした。その女性とは、あの長編小説『源氏物語』を書いた紫式部《むらさきしきぶ》です。『源氏物語』の中に「乙女《おとめ》の巻」というのがあって、この箇所に初めて大和魂という言葉が出てきます。どんな場面か、かいつまんで紹介しましょう。

主人公光源氏の息子である夕霧《ゆうぎり》が元服を迎え、彼の進路について光源氏がある決断を下します。それは大学に進学させるというものでした。当時の大学は現在の大学とはまったく違うもので、高級官吏になるための高等教育機関です。

多くは中級下級の貴族の子弟が入学するもので、光源氏の長男であれば無試験で上級貴族の地位に就くことが可能でした。そういう点では夕霧は生まれながらに将来を約束されていたのです。

ところが、光源氏は夕霧を大学にやるのだと言い出します。この一報を耳にした、夕霧の母方の祖母である大宮が異論を唱え、なにゆえわざわざ遠回りをさせるのかと詰問するのです。

この時、光源氏はかねてからの思いを大宮に語って理解を求めました。参考までに、谷崎潤一郎の口語訳を掲げておきましょう。こういうくだりです。

「高い家柄の子息として、官爵《かんしゃく》も思いのままになり、栄華《えいが》を誇る癖《くせ》がつきますと、学問などで苦労するのは廻りくどく思うようになりましょう。遊戯《ゆうぎ》に耽《ふけ》り、望み通りの官位に登るというようになれば、権勢《けんせい》に従う者どもが、腹の底ではせせら笑いながら、世辞《せじ》を言ったり機嫌を取ったりするものでございますから、その当座は自然ひとかどの人物らしく思えて偉そうに見えますけれども時代が変って、親たちなどに死なれたりいたしまして、落ち目に向って参りますと、人に侮《あなど》り軽んぜられて、身の置きどころもないようになります。やはり学問を本《もと》としてこそ、大和魂も一層重く世に用いられるのでございましょう」

高貴の地位にありながら学問などの苦労を知らず、その特権で人の上に立っていても、仕える臣下から内心軽蔑《けいべつ》の眼で見られていたというのが当時の実態でした。炯眼《けいがん》の式部は、そうした人間関係がもたらす幸不幸を見尽くしていたことでしょう。

一門の権勢に翳《かげ》りが見えれば、しだいに周囲は離れてゆく。当時も今もそれが世の常です。だからこそ式部は光源氏をして「学問を本としてこそ、大和魂も一層重く世に用いられるのでございましょう」と語らせたのです。

原文では、「才を本としてこそ、大和魂の世に用ゐらるゝ方も強うはべらめ」と表現されています。これが「大和魂」の初出です。

「大和魂」の本来の意味

ところで谷崎は、「才」を「学問」と訳していますが、この学問とは中国から伝わった法律や制度、漢学などの知識を指します。平安期にはますます盛んとなり、出世を望む男たちにとってその修得は必須の条件でした。

しかし一方で、国の指導者の間に日本人本来の知恵や感性は顧《かえり》みられなくなります。これでは日本は精神的に滅びてしまう。おそらく式部はそう思ったのです。

しかし、法律や漢学の知識を無視することは出来ません。その恩恵は当時の政治や文化の隅々に浸透していました。世に立つ以上、修得は不可欠です。

そうした自問自答の末に、「才を本としてこそ、大和魂の世に用ゐらるゝ方も強うはべらめ」、すなわち大和魂を発揮できるように学問をすべきだとの確信を打ち出したものと思われます。

したがって「どのようにしたならば、大和魂を力強く世の中に発揮できるのか」と問い、「才を本としなければならぬ」と受けたのが、式部がいいたかったことでしょう。

では、大和魂とはどんな意味なのかということですが、分かりやすい用例が『今昔物語集』巻二十九に見えていますので、紹介しておきます。

当時、明法博士《みょうぼうはかせ》の清原善澄《きよはらのよしずみ》という実在の学者がいました。ある時、この善澄の自宅に強盗が侵入して来ます。主人の善澄は咄嗟《とっさ》に床下に身を隠し、様子をうかがっていますと、強盗は金品を盗み、挙げ句には室内を散々打ち壊して出て行ってしまった。

善澄はあまりに悔しいので、床下から這《は》い出て、「おい、おまえたちの顔はしっかりと見たぞ。検非違使《けびいし》（警察官）にいいつけて、片っ端から捕まえてやるからな」と叫びました。これを聞いた強盗は、ただちに引き返して善澄を斬り殺してしまいます。

話はたったこれだけですが、作者は結びに「善澄、才はいみじかりけれども、つゆ和魂無かりける者にて、かゝる心幼き事を云ひて死ぬるなり」と書き添えています。

「和魂」とは「大和魂」と同様の言葉です。ここでは、知恵や思慮分別の意味で使われています。すなわち、善澄は漢才は豊かであっても、知恵や思慮分別に欠けていたというふうに評価が下されている点に注目して頂きたい。

日本人としての知恵を磨くことなく、外来の知識を蓄えることのみに心を奪われていた知識人がうんざりするほどいたのです。

清原善澄博士も、そうした浅はかな一人として取り上げられたわけです。

「大和心しかしこくば」

もう一つ、大和魂とほぼ同一の言葉に「大和心」がありますが、この言葉が誕生するにはどのような経緯があったのでしょうか。

実はこの言葉は式部と同時代の女流歌人赤染衛門《あかぞめえもん》が創り出したものです。

赤染衛門の夫は大江匡衡《まさひら》といい、平安中期を代表する文章博士《もんじょうはかせ》で、のち式部大輔《たいふ》、昇殿して帝師《ていし》となった大江家の逸材です。

この二人の間に子供が生まれます。そこで、当時の慣習で早速乳母《うば》を雇うこととなり、その面接に赤染衛門が当たります。

こうして、一人の乳母を雇うことになったのですが、彼女は乳母の役目として不可欠の母乳が出ませんでした。しかも、知識や学歴もあるようには見えません。これを知った夫の匡衡は、こんな女が博士の家の乳母に雇って貰おうと、よくも応募してきたものだと非難して和歌を詠みます。

はかなくも思ひけるかな乳《ち》もなくて博士の家の乳母《めのと》せむとは

「乳」は「知」の意味も含んだ掛詞《かけことば》です。つまり、何と馬鹿なことを思ったものよ、お乳も出ない上に知性もない女がインテリの家の乳母になろうとは、というほどの意味です。

この歌を受け取った赤染衛門は、このような歌を返しました。

さもあらばあれ大和心しかしこくば細乳《ほそぢ》につけてあらすばかりぞ

ここでも「細乳」は掛詞で、お乳の出が悪いことと知性に乏しい意味の二つを指します。

そんなことはどうでもいいではないか、大和心さえしっかりしていれば、我が子を預けても構わないではないか。そういう歌を詠んだのです。

その歌いぶりには、実に強い響きが感じられます。どんなに学歴や知識があったところで、それだけの人に我が子は託せない。やはり日本人の心を体した乳母なればこそ安心出来る。

知識よりも生きた知恵の方がいかに人生には大事か、そんなこともあなたは分からないのか。そういう主張を言外に含んだ颯爽《さっそう》たる一首です。

以上見るように、大和魂や大和心は日々の暮らしのうちに生きて働く日本人の人生観に関わるものだったのです。それは知識に負けない精神を意味しています。漢才をいくら積んでも知恵や思慮分別に欠けるインテリ、その異形の知識人層に敢然と抗したのが式部や赤染衛門だったといってよいでしょう。

その証《あか》しが「大和魂」であり「大和心」という日本固有の言葉だったのです。

いずれも、今日の我々が失ったものであり、この精神の働きを恢復《かいふく》すること、そこに歴史に学ぶゆえんがあるのです。

新嘗祭に見る皇室の役割

「皇室は祈りでありたい」

我が国は皇室を戴《いただ》く独自の国柄として世界にも知られていますが、果たしてどの程度皇室が果たされている役割と意義を日本人である私たちは理解しているでしょうか。学校では殆《ほとん》ど教えられることもないと思われますから、今回は歴代の天皇がもっとも大切にされているお仕事について紹介します。

遙《はる》か昔から歴代の天皇は天照大御神《あまてらすおおみかみ》をはじめとする皇祖神《こうそしん》を祀《まつ》られるとともに、国家国民の安寧《あんねい》と幸福を間断なく祈り続けられています。百年、二百年ではありません。千年を超える歳月を数えます。

その宮中祭祀《さいし》の一つに「祈年祭」があります。五穀豊穣《ごこくほうじょう》を祈る祭りであり、伊勢神宮に勅使《ちょくし》を立てられ、宮中三殿に御拝《ごはい》になる伝統的行事です。

戦前、天皇陛下のお側《そば》に掌典長《しょうてんちょう》として仕えたことがある星野輝興氏によれば、この儀式の際に天皇は「世界の平和発展」もお祈りされていたといいます。

祈年祭だけではありません。四月二十九日は戦前では「天長節《てんちょうせつ》」と呼ばれ、昭和天皇のお誕生日をお祝いする日でしたが、この日にも、国民に幸あれとひたすら祈っておられたというのです。

私たちが知ろうと知るまいと、何時如何《いついか》なる祭祀の際にも常に国民のために祈りを捧げられる、そこに心魂を込められるのです。

そのお心は御製《ぎょせい》（天皇の和歌）に拝することができます。次の三首は明治天皇が折々に詠まれた御製です。

やすからむ世をこそいのれ天つ神くにつ社に幣をたむけて
神がきに朝まゐりしていのるかな國と民とのやすからむ世を
すめかみにはつほささげて國民とともに年ある秋を祝はむ

こうした御製を拝しますと、平成十五年に当時の紀宮様《のりのみや》が紹介された皇后陛下の「皇室は祈りでありたい」というお言葉が深い感慨とともに思い出されます。

最重要の宮中祭祀「新嘗祭」

現在、宮中祭祀が行われる「三殿」は明治の初めに皇居に造営され、中央に賢《かしこ》所《どころ》、左右に皇霊殿《こうれいでん》、と神殿が並んでいます。賢所は天照大御神、皇霊殿には歴代天皇及び皇族の御霊、神殿には天神地祇《てんじんちぎ》の神々が祀られています。

祭祀に奉仕するのは掌典職と呼ばれ、掌典長の統括の下に掌典次長、掌典及び五人ほどの内掌典の方々が陛下をお助けし奉仕するのが慣わしです。

なお祭儀については、天皇陛下御自身で御告文《おつげぶみ》を奏上されて祭典を行われる「大祭《たいさい》」、掌典長が祭典を行い、陛下が御拝礼になる「小祭《しょうさい》」、毎月の一日、十一日、二十一日にも祭典が行われ、原則として一日には陛下が御拝礼なさる「旬祭《しゅんさい》」に分かれています。

宮内庁のホームページには「主要祭儀一覧」として二十三回の祭儀が紹介されていますが、さらに恒例・臨時を併せると実に六十回にも及ぶのです。

宮中祭祀の中で、最も古く、新穀《しんこく》を神々に供《そな》えてみずからも召し上がる、最重要の祭儀は新嘗祭《にいなめさい》です。

祭典は、十一月二十三日の午後六時から八時の間の「夕《よい》の儀」、次いで午後十一時から午前一時頃にかけて行われる「暁《あかつき》の儀」からなるもので、神嘉殿《しんかでん》において催されます。

夕刻を迎えると、斎火《いみび》がともされ、庭先は庭燎《ていりょう》の火で淡く照らし出されます。陛下が出御《しゅつぎょ》され本殿に進まれるその時、「オーシー」という警蹕《けいひつ》の声が発せられ、その声がおさまるや神楽歌《かぐらうた》が荘重に流れ始めるのです。

次いで神饌御親供《しんせんごしんく》があり、御告文の奏上。この後に神饌の撤下《てっか》に先立ち、庭先の幄舎《あくしゃ》に控えている皇族はじめ参列者一同は、神嘉殿の階下に進んで拝礼します。

明治天皇御製に、

わがくには神のすゑなり神まつる昔のてぶりわするなよゆめ

という一首があります。「神まつる昔のてぶり」を些《いささ》かも忽《ゆるが》せにせず受け継がれる作法は、そのまま国家国民の安寧を祈る心の形にほかなりません。

「鉢巻」を締めて臨む

明治期の掌典長であった宮地巌夫氏が後進に語り伝えた挿話に、次のようなものがあります。

新嘗祭当夜はしんしんと冷え込み、神嘉殿の前庭に控える参列者は篝火《かがりび》が焚《た》かれていても冷気に震えが止まらなかったそうです。神嘉殿には暖房設備などはもちろんありません。

ところが、祭儀が済み神嘉殿をお出になって廊下を進まれるお顔を拝すると、明治天皇は汗をかかれていたというのです。その時の印象を宮地氏はこう述べています。「陛下には全身全精神を神の御奉仕に御尽《おつく》しになった御しるしと拝するより仕方がない」と。

祖先の神々に神饌を供え、ともに新穀を召し上がる、その一つひとつの所作に渾身《こんしん》の限り務められた結果としての汗だったのです。

星野輝興氏が語った以下の内容は、その事実を裏づける貴重な証言です。

時は明治四十一年十一月二十三日、陛下は午後五時頃に潔斎《けっさい》を済まされ、純白の御服にお召替えとなり、冠をつけられるのですが、この時陛下は冠に手を加えられたといいます。

冠の後部には「纓《えい》」が天を突くように立っていて、この形は天皇以外に用

いることはありません。臣下の纓は中途で垂れ下がっています。ところが、新嘗祭に臨まれる際は、陛下みずから直立した纓を前に折り曲げ、白の平絹《ひらぎぬ》で結んで固定されたのだそうです。

いったいなにゆえか。陛下は神嘉殿の中で休息もなく激しく神事に務められるのです。そのため直立した纓は揺れて邪魔になる。そこできっちりと固定して神事に専念出来るよう工夫をなさったのです。ですから、結ぶ際に用いる平絹は一種の「鉢巻《はちまき》」に等しいものといってよいでしょう。

すなわち、新嘗祭に臨む側近や参列者の中で、陛下お一人が鉢巻を締め渾身の神事に向かわれる。それほどの覚悟を定めて斎行されるのが新嘗祭なのです。

「やすらけき世をこそ祈れ」

ところで、年間六十回ほどの宮中祭祀のうち、天皇の御親拝は三十三回で、他は代拝が慣例でした。しかるに、昭和天皇は御自身の意思で親拝を五十七回に増やされたのです。理由は「三殿にお参りする機会を増やしたい」との希望でした。

こうした並々ならぬ御決意が偲《しの》ばれる実例を以下に紹介しておきます。

昭和五年、冬季に入った旬祭は、例年になく三十センチ以上の積雪をみました。こういう突発的なケースでは代拝となるのですが、陛下は定刻の八時半にお出ましになり、降り積もる雪を踏み分けて御拝をなさったそうです。

側近は感動したものの、異例のことでもあるので不思議な心地だったといいます。そうした疑問が氷解することとなったのが、翌昭和六年発表の御製でした。

ふる雪に心きよめてやすらけき世をこそ祈れ神のひろまへ

従来の慣例を破って親拝を増やし、いかなる悪天候であろうと代拝をなさらず、祖先の神々に昔のてぶりのまま向かわれる。その信念はこの一首に明らかです。「やすらけき世をこそ祈れ」とは、昭和元年十二月二十八日に下された践祚《せんそ》後の朝見の儀の勅語、「四海同胞ノ誼《よしみ》ヲ敦《あつ》クセンコト、是レ朕《ちん》ガ軫念《しんねん》最モ切ナル所ニシテ」のくだりに照応する一句です。

この時期は世界恐慌が発生し、いわゆる国際協調主義が崩壊の一途を辿《たど》り始めた頃です。そういう点からも一首に込められた意味はまことに重いものがあります。

宮中祭祀とは、激動の国際社会や辛苦の国民生活から遠く隔てられた別世界でのセレモニーではないのです。

「自分がやらなければならぬ」

もう一つ取り上げておきます。昭和六年は激動の時代でした。九月十八日に柳条湖《りゅうじょうこ》事件に端を発する満州事変が勃発《ぼっぱつ》、翌七年一月には上海事変、さらに満州国建国宣言と続き、昭和八年三月にはついに国際連盟脱退に至ります。まさに我が国が正念場を迎えていた頃です。

この間、昭和天皇はどんな御心境で宮中祭祀に臨んでおられたのか。昭和七年十一月二十三日に営まれた新嘗祭の様子を星野氏の証言を参考に再現してみましょう。

二十三日当日、陛下は風邪を召されていました。治療に当たっていた侍医は、あまりの高熱に新嘗祭の出御取り止めを言上《ごんじょう》します。ところが、陛下は聞き入れられない。そこで侍医は侍従長に相談、ともども陛下の説得に当たったといいます。

この時、陛下は断固としてこう仰せになったというのです。「お前達には分からぬ、この御祭はどうしても自分がやらなければならぬ」と。結局陛下は祭儀を完璧に務められたのだそうです。

有り難いこととはいえ、きっと陛下は不調を訴えられるに違いない。側近はいかなる対応もできるよう、万全の治療体制を整えて翌朝を迎えます。

ところが陛下は、いつもの如く起床された上に、午前十時半には海外に赴任する外交官の拝謁《はいえつ》を受ける儀式に臨まれたというのです。

この時もまた、側近たちは翌年一月の「お歌会始」の席上で披露された御製によって深く覚《さと》らしめられることになります。こういう一首を詠まれていたのです。

あめつちの神にぞ祈るあさなぎの海のごとくになみたたぬよを

以上、我が国の皇室に確乎《かっこ》として伝承されている祭祀の伝統、ここに日本の国柄の根幹があります。せめてこれぐらいの事実は教育の場で子供たちに教えるべきだと思うのです。天皇陛下はこうした貴い務めを千年以上にわたってなさっているのだということを。

第二章

使命に生きる

幕末密航留学生、山尾庸三の生涯

イギリスへの密航留学

時は幕末、吉田松陰の門下生たちは、安政の大獄に散った師の遺骸《いがい》を密《ひそ》かに現在の松陰神社（東京世田谷区若林）の地に改葬し、供養したことがあります。

このメンバーの中に松陰の直接の門弟ではなかったものの、松陰を敬愛する山《やま》尾庸三《おようぞう》という無名の若者がいました。本欄ではこの人物を紹介します。

山尾が生まれたのは天保八（一八三七）年、父は長州藩士に仕える下級の身分でしたが、少年庸三は見込まれて、萩《はぎ》城下の武家屋敷に奉公。二十歳を迎えた安政三年、江戸に旅立ちます。

江戸では斎藤弥九郎《やくろう》主宰の神道無念流剣術道場「練兵館《れんぺいかん》」に入門し、塾頭として活躍していた長州藩士の桂小五郎と出会い、これを契機に桂に兄事《けいじ》します。

こうして、しだいに士分の扱いを受けるまでになった庸三は、上海から帰国したばかりの高杉晋作とも親しくなります。

ところで、長州藩では万延元（一八六〇）年、日本から外国人を排斥《はいせき》しようとする攘夷論《じょういろん》が強かったものの、海軍力の増強のために西洋渡航の気運が起きました。この時、山尾は野村弥吉（のちの井上勝）とともに海外留学を熱心に志願するのです。

藩首脳の一人周布政之助《すふまさのすけ》は二人の願いを聞き、斡旋《あっせん》の労をとります。結果、庸三と野村弥吉のほかに井上聞多《もんた》（のちの井上馨《かおる》）、伊藤俊輔《しゅんすけ》（のちの伊藤博文）、遠藤謹助《きんすけ》の三人が同行を希望、ここに五人衆が揃います。いわゆる「長州五傑」の誕生でした。

彼らを世話したのは、イギリス領事館書記のガワーとマセソン商会でした。五人が横浜を出港したのは文久三（一八六三）年五月十二日、上海で新たな船便を待って九月十三日に念願のロンドンに着いています。

こうして彼らはロンドン大学のユニバーシティ・カレッジに入校します。井上と伊藤は軍事や政治・経済、野村は鉱業や鉄道、遠藤は経済や貿易、庸三の場合は工学などを専攻。中でも庸三は数学が抜群にできたそうです。

ロンドンの「薩長同盟」

ところで、英国生活にもなじんできた一八六四年二月九日、「ロンドン・タイムス」を開いた五人は釘付けとなりました。下関砲台が四国連合艦隊によって武力占領されたとの記事が載っていたからです。憂慮した五人は協議の結果、とりあえず伊藤と井上の両名が帰国し、庸三ら三人はそのまま留学を続けることにします。

残留組の三人は不安を抱えながらも、それぞれの専攻分野の習得に励んでいました。そこに突然薩摩藩からの留学生十九名が渡英してきたのです。一八六五年五月のことです。

薩摩藩士の動機は、薩英戦争に敗れ、西洋の科学技術習得は不可避であると認識したところにありました。したがって藩を挙げての組織的な密航留学だったのです。年齢も十三歳から三十三歳という層の厚さでした。

庸三らは仰天しました。薩長の両藩は禁門の変以来、仇敵《きゅうてき》の間柄でした。その犬猿の仲の薩摩藩士が密航して来たというのですから、動揺は隠せなかったにちがいありません。

どうしたものか、思案した挙げ句、ついに意を決して彼らの宿舎を訪問することにしました。対面の際は、双方ともさぞぎこちなかったことでしょう。

しかし、密航留学の経緯を語り合うう

ちにしだいに頑《かたく》なな態度も和《やわ》らいでいったといいます。

ロンドンという異国の地で、若者の間に「薩長同盟」の芽は育ち始めたといってよいでしょう。我々は日本人なのである。祖国という共通の拠《よ》り所に立ってこそ、列強に抗《こう》しうる国を構築できる。無益な対立をしている時ではない。そうした思いが湧いたに違いありません。

以上の友好の交流が実を結んだ一つに、薩摩留学生による山尾庸三支援のうるわしい出来事があります。

実は長州の三人は滞在資金が乏《とぼ》しくなり、日常の生活費にも困る事態でした。庸三は造船技術を習得すべく、スコットランドのグラスゴーへ行きたい願望を洩《も》らしていましたが、旅費すら事欠く始末だったのです。

ピンチを救ったのが薩摩の面々でした。彼らは持参していた藩費ではなく、各自手持ちの金から出し合い、イギリス金貨で総額十六ポンド、日本金に換算しておよそ十両を捻出《ねんしゅつ》。山尾君、このお金でどうか貴君の志を遂げてくれ、と差し出したといいます。

庸三の感激が目に見えるようです。この友情を筆者は実に貴いものと思います。藩費に手をつけるわけにはいかない。そこで貴重な私費をもって醵出《きょしゅつ》した薩摩藩士の節度も立派です。

こうしてロンドンを出発、工業都市グラスゴーではネピア造船所で見習工として働き、夜はアンダーソンズ・カレッジに通って造船技術の習得に励みました。庸三はここでおよそ二年働いた後、明治元（一八六八）年に帰国します。思えば五年におよぶ留学生活でした。日本ではすでに新政府が発足。兄とも慕《した》う桂小五郎は名を木戸孝允《たかよし》と改め、政府の要職についていました。庸三の帰国を心から歓迎したのはいうまでもありません。

近代工学創設に傾注

明治二年には新政府に出仕。すでに他の留学仲間四人も政府中枢《ちゅうすう》の人材として活躍していました。

庸三が政府内で頭角を現したのは工部省設置をめぐる論議が浮上した明治三年

のことです。初め政府関係者は時期尚早《しょうそう》として反対の意見が出されますが、職を賭《と》して設置を主張。

結果、工学をはじめ鉄道、土木、灯台、造船、電信、製鉄などを管轄する中央官庁として工部省が誕生しました。明治四年には工部大丞《たいじょう》（明治十三年、工部卿就任）に任じられています。

しかし、工部省は設立されたものの、実際の技術指導については外国人に頼らざるを得ない事情にあり、日本人技術者の養成は喫緊《きっきん》の課題でした。

そこで庸三は伊藤とともに工学教育の専門学校創設を建議するのですが、これには異論が続出します。第一、工業そのものが微々たるものではないか。そういう状況下に学校を設けたところで何になる、というのが反対の理由でした。

この時、庸三は誠心誠意その意義を説きました。いわく、「仮令《タトヘ》当時為スノ工業無クモ人ヲ作レバ其人工業ヲ見出スベシ」と。

確かに今、設備は不十分かもしれない。しかし優秀な技術者を育てれば、彼らが全国津々浦々に必ずや近代工業を興《おこ》していくに違いない。だから設備よりも人材の育成が先決だと訴えたのです。

こうして発足した工部学校は、大学と小学（大学の予科）を併設、校舎も明治五年十二月に完成。翌年十月、四十名の学生を迎えて教育が開始されています。

そのカリキュラムは、普通予備教育二年、専門教育二年、仕上げとして専門の実地教育二年の合わせて六年とし、学科は土木工学、器械学、電信学、造家学、化学、冶金《やきん》学、鉱山学の七学科で編成。当時の欧米にも類を見ない壮大な教育システムでした。

一期生には、辰野《たつの》金吾・片山東熊《とうくま》・高峰譲吉《じょうきち》らがいます。のち辰野は日本銀行本店や東京駅、片山は迎賓館《げいひんかん》などを設計した建築家として大成。また高峰の消化剤やアドレナリンの発見は斯界《しかい》に知られた不朽の業績です。錚々《そうそう》たる人材が育ちました。

「盲唖学校設置ノ建白書」

もう一つ、庸三が遺した画期的な業績があります。彼は日本工業の生みの親であるともに、障害者教育の実現に力を尽くした先駆者でもあったのです。これもネピア造船所時代の成果の一つでした。

明治四年、時の太政官に提出した「盲唖《もうあ》学校設置ノ建白書」に、かつてのグラスゴーでの体験が綴《つづ》られています。

「臣、嘗《カツ》テ英国ニ在テ造船所ニ入リ修学中親《シタシ》ク見ルトコロ、同所ノ図引《ズビキ》、大工、鍛冶《カジ》等ノ内、唖《オシ》ナル者モ亦不レ少《スクナカラズ》、人ト談話応接皆指頭《シトウ》ヲ登転《トウテン》シ、文形ヲ模作《モサク》シテ之ヲ弁ズ。其敏捷《ビンショウ》驚クベシ、毫《ゴウ》モ苦渋ノ態《タイ》ヲ見ズ。而シテ其技芸ノ精妙容易ニ人ノ及ブ能《アタ》ハザル所ナリ。是他ナシ、教育ノ善ク及ブトコロ以テ彼国文教隆盛ノ景況推知《ケイキョウスイチ》スベシ。…仰ギ願ハクバ、臣ノ鄙衷《ヒチュウ》ヲ御洞察被レ為レ在、盲唖二校ノ創建即今御許容ノ程奉二希望一候」

以上の記述の前段に注目していただきたい。ネピア造船所で働いていた時、工場の中に聴覚障害の労働者がいた。ところが彼らは障害をものともせず、確かな意思疎通を図っていたというのです。

「人ト談話応接皆指頭ヲ登転シ、文形ヲ模作シテ之ヲ弁ズ。其敏捷驚クベシ」、人とコミュニケーションをとる際に、指で字形を作り意思を伝えるシーンを目撃、庸三は感動におそわれたのです。

しかも彼らの仕事ぶりは健常者に勝るとも劣らない。庸三が障害者教育の意義に目を開かされた機縁はこの時でした。この強烈な体験が建白書という形で彼を突き動かしたのです。こうした努力が実って、明治九年には東京楽善会訓盲院の設立が認可され、以降各地に拡大します。

松陰先生の遺骸の改葬・供養に始まった山尾庸三の波瀾万丈《はらんばんじょう》の生涯――その軌跡を辿《たど》る時、君はいかに生きるのかと囁《ささや》く声が聞こえてなりません。私たちも観客ではなく、歴史の舞台に上がっておのれの役を演じたいものです。

脚気撲滅にかけた海軍軍医、高木兼寛の偉業

数値に宿る歴史

明治の日本が総力を結集して挑んだ対外戦争が日清、日露の両戦役だったことは周知の通りです。いずれも我が国が勝利したものの、その死傷者の内訳を見ると、陸軍と海軍との間には著しい違いがあることに気づかされます。

例えば、日露戦争に出兵した陸軍の戦死者は約四万七千名、脚気《かっけ》による死者は二万七千八百名という驚愕《きょうがく》すべき数でしたが、海軍では若干の脚気軽症者は出ても重症に陥った者は殆《ほとん》どいません。

この際立った差異はいったい何なのか。この疑問を追究してゆく時、歴史の闇から一人の明治人の相貌《そうぼう》が形をなして浮かび上がってきます。その人の名は高木

兼寛《かねひろ》、以下、その足跡を紹介します。

高木は嘉永二（一八四九）年、日向国東諸県郡穆佐村《ひゅうがのくにひがしもろかたぐんむかさむら》（現在の宮崎県宮崎市）に生まれました。十八歳になると、鹿児島の蘭方医《らんぽうい》石神良策《りょうさく》の塾に入門、医学の道を志します。

明治五（一八七二）年には海軍省に入り、軍医として活躍、とりわけ明治八年から五年間におよぶイギリス留学の体験は医師としての彼に画期《かっき》をもたらしました。学んだのはセント・トーマス病院医学校です。この医学校の方針は徹底した臨床教育にあり、ドイツのような基礎医学とは一線を画していました。

帰国後、高木は海軍中医監並びに東京海軍病院長を命ぜられ、一方で明治十四年には、東京慈恵会医科大学の前身となる「成医会講習所」を設立し、翌年には有志共立東京病院（東京慈恵会大学病院）を開きます。

また、明治十八年に我が国初の看護婦養成所を創設、優秀な看護婦の育成に努めました。のち、海軍軍医総監に任ぜられるとともに、医学博士の学位を授与され、貴族院議員にも勅選《ちょくせん》されています。亡くなったのは大正九（一九二〇）年四月十三日、享年七十二歳でした。

海軍に蔓延する脚気

高木兼寛の業績として特筆すべきは「脚気」の研究とその撲滅にあります。今日では脚気はビタミンB1の欠乏が原因であることは知られていますが、明治期にはビタミンそのものが発見されてはいなかったのです。

明治十一年実施の海軍統計調査では、総兵員数四千五百二十八名のうち、脚気患者は千四百八十五名を占めていたほどです。海軍は脚気によって滅ぼされてしまう。高木は深い憂慮を覚えました。

そこで、まず取りかかったのは海軍軍人の生活環境と脚気の発生状況との関連性を見る調査です。結果、兵員の食事との関連がありそうだと見抜くのです。

明治五年、すべての海軍兵食は金銭によって支給する制度に切り替えられ、明治十三年以降は、将官の一円二十銭から水兵十八銭にいたる給付制度が設けられ、支払われていました。ところが、このシステムに問題があったのです。

実は水兵たちは食費から米代は一括して納め、残金を自由に副食代に充てるのですが、地方の貧しい家から入隊した者も多く、白米とタクワンが食べられるだけで満足し、残りは節約して郷里へ送金する慣行が定着していたのです。

士官よりも水兵に脚気患者が多い理由はこの食生活にあるのではないか。つまり、白米のような炭水化物を摂りすぎ、蛋白質《たんぱくしつ》の摂取が減少するから脚気が発生するのではないかとの洞察です。

こうして、窒素と炭素の量比を調べ

ることになりました。窒素が多ければ蛋白質が多く、炭素が増えていれば炭水化物が多くなるからです。健康標準食では窒素一に対して炭素十五が目安でした。ところが調べてみると、窒素一に対して炭素二十八という驚くほど高い数値が検出されたのです。しかもこの量比が一対二十三以上になると、必ずといっていいほど脚気を発病することが判明しました。

したがって、この比率をそれ以下に抑え込めば脚気は予防可能となる。そのためには兵食をパンや肉、野菜を中心とする洋食に切り換えることが先決だ。第一、欧米に脚気患者が発生しないのはパン食が中心だからなのだ。こうした分析結果が対策の基本線となりました。しかし、この高木案には未《いま》だ確証はありませんでした。

軍艦「筑波」の一大実験

その頃のことでした。明治十六年九月に外洋の練習航海に出ていた軍艦「龍《りゅう》驤《じょう》」が帰還したものの、乗組員三百七十一人中百六十人が脚気にかかり、うち二十五人が死亡するという、海軍当局を震撼《しんかん》させる事態が起こりました。

そこで当局は、高木を医務局長に昇格させて「脚気病調査委員会」を発足、海軍挙げての本格的な研究が始まるのです。折しも軍艦「筑波《つくば》」を遠洋航海に出す準備が進んでいました。従前の兵食制度では、龍驤の二の舞となるのは必定と考えた高木は食費制度を改め、全額を食物購入に充てるべしと上申します。

当局はこの提案を受け入れ、食糧はすべて現物で給付するという一大改革に踏み出します。筑波の出航に際して高木は、龍驤と同一のコースを航海するよう了解を取り、食糧は徹底して吟味《ぎんみ》しました。これが成功すれば積年の主張が裏づけられる。かくて明治十七年、筑波は大海原に乗り出したのです。

五月二十八日、筑波から第一報が届きます。数名が脚気とおぼしき症状を見せた程度でした。高木は拝むような心持ちで次の報告を待ち続けます。すでに季節は夏をすぎ秋を迎えた十月九日、南米チリを発《た》ちハワイに到着した筑波からの電信文が入ってきました。文面にはこうありました。

「ビヤウシャ（病者）一ニンモナシ　アンシン（安心）アレ」

高木をはじめ海軍省一同はこの感激の電文に沸き返ったといいます。我が帝国海軍が恐るべき魔物との第一戦に勝った瞬間でした。

明治十八年二月、調査委員会は目的を達し解散します。この時、高木はパン食とすべき旨主張するのですが、これには難色を示す者が多かったといいます。米食になれた水兵達にとって、パンを常食とすれば隠れて海面に投棄する者も出るに違いない。これではせっかくの改善が水泡《すいほう》に帰す。そこで高木は、米と麦を混合した代替案を上申し、受理されました。以後、果敢《かかん》に脚気対策は進んでいくのです。

陸軍軍医森林太郎との対決

このように海軍内では高木の苦労は報われたものの、陸軍や医学界はまことに冷ややかでした。中でも医学界に君臨する東京大学医学部と陸軍の軍医本部は高木の食物原因説を非難、冷笑してやまなかったといいます。

彼らの批判の根拠は、高木の説には医学理論としての裏づけに欠けるという点です。そもそも当時の我が国では、ドイツ医学が主流でした。東大医学部はまさにドイツ医学を手本とし、その卒業生が軍医の大半を占めていた陸軍であっただけに、ドイツ医学の学理を何より重視したのです。

例えば、東大医学部卒の俊秀《しゅんしゅう》で、陸軍軍医としてドイツに留学していた森林太郎（鷗外《おうがい》）は、「日本兵食大意」を起草し、高木説を真っ向から批判しています。要するに脚気の原因は細菌によるものであり、白米を主食とした兵食で充分であり、海軍の如き方法は誤りであると断じたのです。

帰国した森は、『東京医事新誌』に発表した「統計に就いての分流」の中で高木の研究方法にも一太刀を浴びせています。いわく「もし正しい実験がしたいのなら、一兵団を二分して、一半には麦飯を給し、他半には米食を給して対照群となし、両半を同一の地に住まわせ、他の生活条件をすべて同一にすべき」と。

さすがは最新医学を身につけた森の手厳しい指摘です。そこで高木は、海軍の対照群として東京市民の脚気罹病《りびょう》の状況を調査し、両群の患者数を比較します。結果、海軍は激減するものの、東京市民は増加している事実が明らかとなります。

それでも森は、基礎医学の研究手続きを踏まえない結果は偶然の産物だとして麦飯効用論は認めませんでした。

南極大陸の「高木岬」

しかし、この対立が現実の前で勝敗をつける事態がやってきます。それが冒頭に紹介した日清、日露の両戦役における脚気患者の数値でした。のち、高木はみずからの脚気対策に挑んだ思い出を、こう回想しています。

「……明治五年以来ここ四十年のあいだに、私は海軍軍人の糧食を改正し、これが脚気病を未然に防ぎ、健康を増進する具体策として実行され……、そのため日清、日露の両戦役に際しては、我が海軍軍人の衛生はもっとも良好で、よく服役に耐え、ついに勝利に導くことができた。自分の人生でもっとも喜ばしいのはこの一事である」

国内の医学界では冷遇された高木でしたが、世界では彼の名声は高まるばかりでした。実は南極大陸グレアムランド西岸のルルー湾北東部にある一角は、“Takaki Promontory”と呼ばれています。日本語に訳せば「高木岬」、昭和三十四年にイギリス南極地名委員会が命名しました。

同委員会によれば、「日本帝国海軍の軍医総監であり、一八八二年、食事の改善によって脚気の予防にはじめて成功した人」というのがその由来です。すなわち高木の業績を後世に残すために命名された岬なのです。ところが、イギリスから日本の極地研究所に命名が通知された時、高木兼寛とは何者なのか分からなかったといいますから、恥ずかしい限りです。

世界にビタミン学説が登場する二十年以上も前に、脚気撲滅を達成した日本人が存在した事実は世界に感動を与えた。これも祖国に貢献する見事な生き方のひとつにほかなりません。

赤十字活動の先駆者、高松陵雲の活躍

医学を志す

一八六四年のこと、ジュネーブ生まれのアンリ・デュナンが中心となって、戦争で傷ついた人々を助けることを目的に国際赤十字社が設立されました。

今では戦争中だけではなく、平和な時にも病気や災害などで苦しんでいる人々を救うために日々活動し、伝染病の予防や子供たちの国際交流などの活動にも積極的に取り組んでいます。

我が国では、一八七七年に佐野常民《つねたみ》によってつくられた博愛社が後に赤十字条約に加入し、一八八七年に「日本赤十字社」と改称して活動しますが、実際に戦争で傷ついた人々を敵味方問わず治療し、赤十字精神を実行した最初の人は福岡県出身の医者でした。

その人の名は高松凌雲《りょううん》といいます。どんな生涯を送ったか、ここに紹介してみましょう。

時代は遠く江戸時代に遡《さかのぼ》ります。凌雲は、天保七（一八三六）年、筑後の国古《ふる》飯《え》村（現在の小郡《おごおり》市）に庄屋の三男として生まれました。二十歳の頃、久留米藩家老に仕える藩士の養子となりますが、思うところあって医者になろうと思い立ち、故郷を出ます。凌雲にとって最初の大きな決断でした。

彼は大坂を経て江戸に赴きます。江戸には兄の勝次がいました。勝次は江戸で勉学に励み、その成果が認められ、御家人の古屋家に養子に入ったばかりでした。名前も古屋佐久左衛門と改めています。この兄を頼ったのです。

江戸ではオランダ医学者の石川桜所《おうしょ》のもとへ入門、修業に打ち込むことになります。次いで、石川先生の許可をもらって緒方洪庵《こうあん》の適塾でも学んでいます。こうして、医師としての評価が高まった凌雲は、縁あって一橋家につとめることになりました。

一橋家といえば御三卿《ごさんきょう》の一つで、将軍の候補として名前が挙がっていた慶喜《よしのぶ》が主君でした。家茂《いえもち》が急死したので、その慶喜が十五代将軍に就任します。結果、凌雲は将軍の奥詰《おくづめ》医師になるのです。この時三十歳でした。

パリの医学校に留学

このように活躍の舞台を広げる凌雲のもとに、思いもよらない報《しら》せが伝えられます。それはパリ万国博覧会に出席することになった慶喜の弟徳川昭武《あきたけ》に随行せよとの幕命でした。

凌雲はどんなに喜んだことでしょう。それは、この機会に最先端のフランス医学を直接学ぶことができるからです。新たな時代の医師をめざす凌雲にとって西洋医学の本場で勉強できるということは、何よりありがたいことだったにちがいありません。

将軍慶喜も派遣する一行に対して、万国博覧会の出席をすませた後は、我が国が条約を結んだ国々を訪ねて友好を深め、さらに留学して大いに勉強するよう申しつけていました。

凌雲らが横浜を発《た》ったのは慶応三（一八六七）年一月でした。昭武一行はパリ万博出席の任務を果たし、その後はヨーロッパ各国を訪問して親善に努めました。ところがこの頃、幕府から重大な手紙が届きます。それは、大政奉還の知らせでした。

彼らは幕府から派遣されたわけですから、動揺は大きかったことでしょう。しかし予定通り、凌雲はパリで留学生活に入ります。政権を返上したとはいえ、幕府はその費用は支給してくれました。

凌雲が入学したのは、医学校と病院をあわせもつオテル・デュウ（神の家）と呼ばれる施設でした。当然、講義とともに病院現場での見学や実習もあります。診察の仕方や治療方法は日本でのやり方と大きく異なるものでした。

とくに凌雲が驚いたのは外科の手術です。患者の身体に麻酔をかけメスで切り開いて治療した上で、ふたたび針と糸で縫い合わせるのですから、目を見張ったことでしょう。このような驚きがますます医学の勉強に身を入れるきっかけとなっていきます。

もう一つ、こういうことも知るのです。この病院には貧しい人々を無料で治療する機関も併設し、その経費は善意ある人々の寄付でまかなっている。凌雲はこの病院の精神に深い感動をおぼえるのです。のちの凌雲の生涯に決定的な影響を与えた体験でした。

箱館戦争に参加

このように順調に勉強を続けていた凌雲でしたが、ふたたび日本から知らせが届きます。京都で薩摩《さつま》・長州両藩を中心とした官軍と旧幕府軍との間に戦いが起こったというものでした。目下、官軍は江戸城総攻撃に向けて進発しているというのです。

ここに至って凌雲は帰国することになります。船が江戸湾に入ったのは、慶応四年五月十六日でした。すでに江戸は官軍に制圧されていました。

はや慶喜は謹慎の身、これを聞いて凌雲は恩義のある慶喜のために、旧幕府の一員として我が身を捧げようと決心するのです。

こうして、彼は旧幕臣の榎本武揚《たけあき》らとともに東北を経て北海道の箱館《はこだて》に向かい、五稜郭《ごりょうかく》を拠点に官軍に対峙《たいじ》します。この時、凌雲は五稜郭に付設した箱館病院で他の医師たちといっしょに負傷者の治療にあたります。パリで身につけた最新医学の知識と技術を活かす機会が訪れたのです。

ところが、ここでトラブルが発生しました。負傷者の多くは外科治療が必要であるにもかかわらず、殆《ほとん》どの医師は漢方医のために手当てが不十分でした。

凌雲は西洋の治療方法を学んでいますから適切なアドバイスをしたのですが、医師たちは耳を貸そうとはしません。負傷者のほうも、馴染《なじ》みの医師の治療は受けても、外国帰りの凌雲に対しては拒否する態度に出るのです。

敵味方を越えての医療活動

こうした困った事態の中で、凌雲は箱館病院の頭取という地位に任命されます。そこで早速、病院内の改善を行い、公平な治療に専念できる環境を整えるのです。

凌雲のてきぱきとした指示に、これまでの確執はしだいになくなっていきました。

秋も終わりの頃です。敵側の負傷者が運ばれてきました。このことを知った人々の間には怒りが渦巻くように起こり、大騒ぎになります。収容されていた旧幕府側の負傷者の中には、憎い敵とみて斬《き》ろうとする動きまで見られたといいます。この時、凌雲は立ち上がって訴えました。

「この病院のことはわたしが任されている。このたび収容した者は、たとえ

敵であっても、傷ついた人々である。公平に治療にあたるのは当然のことだ」

おそらく凌雲の胸には、分け隔てなく人々の治療に尽くすパリの病院での体験が甦《よみがえ》っていたはずです。時と場所に違いはあっても、遠く異国で学んだ奉仕の心がこれからの日本にとっていかに大切か、しみじみと感じていたにちがいありません。

周囲の人々も凌雲の振る舞いを通じて気づいていきます。傷が癒《い》えた人々は故郷へ帰すべきだとする凌雲の提案も受け入れられ、彼らが箱館を去る時は、敵味方を越えて別れを惜しむまでの間柄になっていたそうです。

ところで、両軍の戦闘は日増しに激しくなり、負傷者の数も多くなりました。官軍の勢力が強まり、榎本たち旧幕府軍はピンチに陥ります。いよいよ五稜郭にも官軍は迫り、箱館病院にも乱入してくる可能性が高まってきました。

当然、味方の本部からは危険だから立ち退くようにと指示がきましたが、凌雲は病院に患者と一緒にとどまる決意をします。もし官軍が病院内に入りこんで負傷者を斬るような行為に出たならば、身体を張って説得する覚悟でした。

はたして官軍の勢力が病院になだれこんできました。凌雲は医師として負傷者を守る態度で臨みます。この捨て身の行為に官軍側も理解を示し、引き揚げたといいます。ほっとした負傷者たちの表情が見えるようです。

奉仕に生きる「同愛社」設立

凌雲はその後も箱館病院で治療に当たっていましたが、三ヶ月後には官軍側の指示で東京へ移送する患者とともに送還されることになり、激しい戦闘の跡の生々しい箱館を去ります。

東京に移っても治療は続けられ、殆どの患者は回復し退院にこぎつけました。この間、治療した人々の数は、わかっているだけでも千三百三十八名に上ります。うち百三十一名が死亡しましたが、千二百七名の命を救いました。

その後凌雲は明治新政府によって一時期は謹慎を命じられていましたが、自由になれば人々に役立つ医師として生きようと意志を固め、のち東京の浅草に町医者として開業し、新たな人生を始めるのです。

かつて将軍家の奥詰医師を務め、パリで西洋医学を修めた上、箱館戦争では多くの負傷者を救った医者としての名声は人々の間に広がっていました。政府としても、これほどの人物を抛《ほう》ってはいません。各方面から誘いもありましたが、市《し》井《せい》の一医師として生きる決意はゆるぎませんでした。

一方では、凌雲を慕ってくる若い医師には治療のかたわら医学の講義なども行っています。さらにパリの病院にならって貧しい人からは診療代はとりませんでした。

とくに凌雲が立派だったのは、医師会の席上で貧者のための病院組織を設けようではないかと訴えた点です。この提案に対して医師たちは賛同、かくて「同愛社」が設立を見るのです。

その目的に賛同する人々も続々と出てきました。パリで一緒だった渋沢栄一が積極的に協力を申し出ました。ほかに徳川昭武、大隈重信、勝海舟、陸奥宗光《むつむねみつ》など多くの人々が支援しています。

このように、赤十字活動を実際の戦いの場で実践した最初の人こそ高松凌雲にほかなりません。「自己実現」とは、こういう人生の送り方をいうのです。

ブータン農業開発の功労者、ダショー西岡の奮闘記

日本とブータンの絆の由来

二〇一一年の秋、ヒマラヤの東端に位置するブータンから若き国王御夫妻が来日、国会での親日感情溢《あふ》れる演説や東北の被災地訪問など精力的にこなされるお姿は実に印象的でした。

私たちはブータンがこんなにも日本への関心が高いとは知りませんでしたが、御《ご》不《ふ》例《れい》中の天皇陛下の御名代《みなしろ》を務められた皇太子殿下が代読の陛下のお言葉で、多くの国民はその絆《きずな》の由来を知ることが出来ました。陛下はこう述べられています。

「両国の交流の歴史で忘れてはならない一人に、一九六四年にコロンボ計画の農業専門家として貴国に派遣された西岡京治《にしおかけいじ》専門家がおります。西岡専門家は、その生涯を通じて、貴国の農業振興に貢献した功績がたたえられ、前国王陛下より、『ダショー』の称号を授けられました。ダショー西岡の意志を受け継いだ人たちが、現在では貴国政府・関係機関の要職を占め、貴国の農業発展のために日々活躍していると聞き、心強く思っています」

ここに取り上げられているように、両国が深い信頼の絆を結んだ背景には、西岡京治という人がブータンに残した偉業があったのです。どんな貢献をしたのか、当欄に紹介しておきます。

ブータンとの出会い

西岡さんは、昭和八（一九三三）年に朝鮮半島の京城（現在のソウル）で生まれました。当時、朝鮮は日本の統治下にあり、父親は京城医学専門学校の教授を務めていました。

西岡一家が日本に引き揚げたのは大東亜戦争（太平洋戦争）敗戦の年の昭和二十年十一月、父の故郷である大阪府八尾市で新たな生活がスタートします。西岡さんは大阪府立八尾高校を経て大阪府立大学農学部に入学、ここで恩師中尾佐助先生の薫陶《くんとう》を受けます。中尾先生のことは、先の陛下のお言葉にも紹介されています。

この頃、日本山岳会マナスル登山隊のメンバーとしてネパール方面の調査に出向いていた中尾先生から現地の様子を聞くたびに、西岡さんはヒマラヤ地方に強く惹きつけられました。

そうした折、チャンスが到来します。中尾先生から大阪市立大学の川喜田二郎助教授が率いる西北ネパール探検に参加してみないかと勧められたのです。こうして初のヒマラヤ地方の調査を体験しました。西岡さんは、農学部卒業後は大学院に進みましたが、昭和三十六年からは大阪府立園芸高校の教師となり結婚します。

その頃でした。府立大では中尾先生を隊長に東北ネパール学術探検隊が編成されることになり、西岡さんは副隊長に推され、夫人の里子さんも加わり、再びヒマラヤ方面に赴くのです。

この旅が西岡夫妻とブータンとを結びつけるきっかけとなりました。実は中尾先生はすでにブータンと関係を持っていました。当時のブータンは鎖国中で近代化が遅れていたのですが、昭和三十三年にブータンに招かれて半年ほど調査をしたことがあったのです。

その時、ブータン首相から日本の専門家に来て貰って農業の改革を図りたいとの要望を受けていました。

しかも、国王みずから近代化を目指して開国を決意し、昭和二十六年に発足した、南方アジアの開発援助のためのコロンボ計画が飛躍的に発展、日本も昭和三十年に援助国として参加したところでもあったのです。こうして我が国に設けられたのが海外技術協力事業団（現在の国際協力機構）です。

中尾先生の推薦もあり、西岡夫妻が派遣されたのは昭和三十九年四月、任地はブータン西部に位置する標高二千四百メートルのパロという町でした。

人気を博した日本野菜

夫人の里子さんは、ブータンでの第一夜が明けた日の朝の印象を夫妻の著書『ブータン神秘の王国』の中で次のように綴《つづ》っています。

「……眼下に広がるパロの盆地には、麦が青々と育ち、はるか向こうの丘の中腹には白壁の堂々たるパロ城《ゾン》が見えた。そして、その左手には白く雪をかぶった山々が並んでいた。強い五月の陽光の中に美しい自然が燦然《さんぜん》と輝くこの光景こそ、私が望んでいたブータンの姿であった。『とうとう来たね。ブータンへ』感激のあまり声もなく佇《たたず》む私に、主人の声が優しく響いた」

かくて、ブータン初の日本人農業指導者としての奮闘が始まるのです。

しかし事は容易ではありませんでした。農業は旧態依然のままであり、その上インドの指導者が監督に当たっていたのです。すんなりとは受け入れて貰えませんでした。従来の農法を変えるには農家は慎重でした。いや、むしろ頑《かたく》なだったといってよいでしょう。

どうしたものか、西岡さんの思案は続きました。こうなれば方法は一つ、試験農場を設けて実際に栽培してみせるほかにないと決意します。当局にかけあって、わずかな面積ながら試験場が確保出来ました。さらには十代前半の少年三名を実習生として迎え入れたのです。

西岡さんは、日本から持参した東北地方の数種類の籾《もみ》と野菜の種を蒔《ま》きました。夏を迎えると、キュウリやキャベツ、ネギなどの野菜が見事に成長し、ブータンでは八か月かかるといわれた稲も、五か月半ばでなんとか実り、第一歩としてはまずまずの出来だったといいます。

しかし、なんといっても試験場は狭すぎる。もっと広い農地で試作しなければ関心は惹かない。それにブータン農業にも優れた点はあり、取り入れる必要も感じていました。そのためには時間を要します。そこで西岡さんは、まず日本野菜の栽培に重点をおいて励むのです。

時あたかも、パロ城でブータン国会が開かれ、各地からやってきた代表者の目に留まり、西岡試験場の野菜は人気を博します。彼らは西岡さんから種子を分けて貰い持ち帰りました。

こうして各地に日本野菜が広まっていくのです。もっとも人気が高かったのはダイコンとハクサイだった由《よし》です。

パロ農場の創設

このような西岡さんの努力は国王の耳にも届き、「西岡にパロで農場用の土地を選ばせるように」と指示されたといいます。

早速西岡さんは村の長者たちと土地を調査し、パロから六キロ下流に広がる斜面を最適地と判断、農場としました。昭和四十一年のことです。

これが本格的な日本式農業のモデルファーム「パロ農場」の誕生でした。優秀な少年たちも集まり、日本からも農業機械や種子が援助され、西岡流農法が始動することになったのです。

西岡さんが農家に教えた一つに並木植えがあります。ブータンの従来の田植えでは苗の間隔は不揃《ふぞろ》いでした。それでは除草機は使えません。

人手が少ない上に機械も活用されない今までは、以前と変わらない。そこで、並木植えを導入することにしたのです。

ロープに二十五センチごとに目印をつけ、それを田んぼに張り、印に沿って苗を植え込んでいく。そうすれば苗は等間隔で生長し、風は均等に行き渡り、雑草も除草機を使って手軽に取り除くことが可能となるわけです。

結果、四十パーセントの増収でした。この後、パロ盆地では多くの農家が並木植えに変わっていったといいます。

秘境の村の開発に挑む

昭和四十七年の秋のことでした。先代の国王が亡くなり、即位された新国王からブータン南部のシェムガン地方の総合開発を依頼されます。ここは険しい山と峡谷《きょうこく》に囲まれた、生産性の低い焼き畑農業に頼るほかない地域でした。西岡さんの実績を見込んでの要請だったのはいうまでもありません。

西岡さんは引き受けました。現地は車も通ることが不可能な場所で、吊《つ》り橋で渡る箇所もあるほどの秘境です。焼き畑農業ですから、村の人々は定住が出来ません。収穫も不安定で貧しく、診療所すらありませんでした。

そこで西岡さんは、まずこの地に水田を造って定住可能な集落とすることを第一に考えました。こうして幾度も調査を繰り返し、昭和五十一年にみずからが育てたスタッフとともに開発に着手したのです。

ところが、村の人々は開発に疑心暗鬼《ぎしんあんき》だったといいます。村を取り上げられるのではないかと勘ぐったり、生活を変えられてしまうことへの拒否反応などで非協力の態度でした。

村人の協力を得るまでの話し合いは、五年間で延べ八百回にも達したと伝えられています。こうしてようやく理解を得ることが出来、ブータン政府も特別予算を組んでくれ、日本からもブルドーザーなどが贈られ、開発は進捗《しんちょく》していくことになります。

こうして造成した水路は三百六十六本、道路は三キロに及んだといいます。水田に至っては六十ヘクタールに拡大、ついに村人の定住生活を実現したのです。生産も飛躍的に上がり、村は診療所と学校が建設されるまでに様変わりしました。開発が完了したのは昭和五十五年のことです。

こうした西岡さんの貢献に対してブータンは、「ダショー」と呼ばれる最高の爵位《しゃくい》を授与しました。

その後も農業指導は続きましたが、平成四年に現地で死去。享年五十九歳の生涯でした。

　ブータンは西岡さんの恩義に報いるため、外国人には異例の国葬をもって応えました。ダショー・ニシオカ、ブータン国民で知らぬ人はいないといわれる真正の日本人です。

船の安全を守り続けた灯台守の苦難の歴史

女島灯台の無人化

今から六年前の平成十八年十二月、長崎県五島市の女島《めしま》灯台が無人化されました。この灯台は昭和二年が初点灯ですから、歴代の灯台守《もり》が幾多《いくた》の船の安全を守り続けた歳月は八十年に及びます。

すでに全国の灯台は自動化し無人灯台となっていたため、女島灯台を最後に木下恵介監督の映画『喜びも悲しみも幾年月』に描かれた、常駐の灯台守は我が国の歴史から姿を消すことになりました。

そこで本稿では、近代日本に刻まれた灯台守の知られざる歴史を紹介することで、その労苦に感謝の誠を捧げたいと思います。

そもそも洋式灯台が設置される契機《けいき》となったのは、慶応二（一八六六）年に諸外国と結んだ改税約書の第十一条で、港へ出入りする船舶の安全を期すべく灯台設置を義務づけられたことによります。

明治二年二月十一日に初点灯した神奈川県横須賀市の観音埼《かんのんざき》灯台がその嚆矢《こうし》です。爾来《じらい》、全国津々浦々に灯台の拡充が続き、明治四十五年に百二十八基、昭和二十年の終戦時は二百三十八基、近年は三千三百三十四基（平成十八年九月現在）に上ります。

自動化される以前は、全国津々浦々の灯台へ職員が配備され、航海の安全に尽くす悲喜こもごもの人生が織りなされています。

視察船「羅州丸」の巡航

昭和二十八年当時が灯台守のピークで、全国各地に千百人が勤務に精励していました。一つの灯台に三十名の職員及び家族が集うケースもあれば、島や僻地《へきち》では夫婦二人きりで灯台生活に明け暮れることもありました。

灯台の保守点検をはじめ沖合の浮標《ふひょう》の監視、濃霧《のうむ》状況の正確な通報など、その業務は多岐《たき》に亘《わた》ります。ミスは重大な事故につながりますから、神経をすり減らす日々だったことでしょう。

昭和六年以前は、規定によって灯籠《とうろう》灯室や塔内《とうない》では木炭の暖炉《だんろ》や火鉢の使用が禁じられていたため、寒冷地では想像を絶する日々だったといいます。当時の記録に夜間当直の実態が偲《しの》ばれます。

「短き一日は間もなく暮れ、午後三時過ぎには点灯準備に取り掛かる。星は白々と寒天に冴《さ》え渡り、地下は数尺の下まで岩の如《ごと》く凍結《とうけつ》し表面は白雪を以《もっ》て覆《おお》われ、海面は氷結し沖には巨島の如き氷山の浮ぶあり。……零下《れいか》五度位迄《まで》は堪《た》え難《がた》きにあらざるも最早《もはや》十度近くになれば灯籠玻璃板《はりいた》の内面は凍結し半透明となり鉄板は氷りてぎらぎらと光る。……やがて殆《ほとん》ど無感覚に陥《おちい》り寒気は腹部に侵入し来《きた》り激烈なる腹痛を起ししことも数回に止まらず」

このように、氷雪に閉ざされた世界では命懸けの凄絶《せいぜつ》な任務が繰り広げられていました。そのお陰で幾多の船舶が最果ての波濤《はとう》を無事航行出来たのです。

買い物もままならない辺鄙《へんぴ》な地域では、各地の灯台を巡航する視察船が生活必需品を届けてくれるのが慣わしでした。戦前に活躍した羅州丸《らしゅうまる》はその代表的な灯台業務用の船です。千島列島並びに樺太《からふと》から南は沖縄までの各地を巡り、航路標識の確認、建設材料や事務用品の運搬などに当たっています。白亜《はくあ》の船体でしたから、灯台関係者からは「白姫」と呼ばれ歓呼《かんこ》の声で迎えられたといいます。

ちなみに、羅州丸就航以前に活躍した灯台視察船は明治丸といいました。明治後半に任務を終えるまで幾多の業務に従事、明治九年七月の明治天皇東北御巡幸の際は御召艦《おめしかん》の栄に浴しています。

「お船が泣きだした」

ところで、灯台守一家の暮らしぶりはどんなものだったのでしょうか。筆者の手許に昭和十八年発行の『灯台を護《まも》る人々』と題した本があります。著者の山崎富美さんは、父が灯台守で幼小から灯台勤務を見て育った方です。

父の山崎一郎氏は、山口県竹の子島の台場鼻《だいばはな》信号所を振り出しに、長崎県古志《こし》岐島《きじま》灯台、北海道の日和山《ひよりやま》灯台、宗谷岬《そうやみさき》灯台、樺太の宗仁《そうに》岬灯台、再び北海道に戻って石狩《いしかり》灯台、増毛《ましけ》灯台と転任を重ねています。

彼女はそのたびに小学校を転々とし、父が石狩灯台に在勤中に小樽《おたる》市の双葉高等女学校を卒業。本書はその貴重な体験と見聞の記録です。余人では知ることのない色んなことが書かれています。

まず、灯台守の子供は通学が大変でした。彼女が生まれる以前に父が勤務していた日本海に面する経ヶ岬《きょうがみさき》灯台では、当時七つの兄は遠くの小学校まで、吹雪や雷雨の中通い続けたといいます。

「七つで、とくべつ小ちゃいときてたんだから、可哀《かわい》そうで可哀そうで、とっこ、とっこ、一人で行くのを見送っては泣いた。化け物でも出そうな藪道《やぶみち》を、友達もなくって淋《さび》しかったでしょうよ」と、母は常々思い出話を聞かせてくれたそうです。

灯台守の仕事は灯光の保守管理だけではありません。濃霧の際は霧笛《むてき》を鳴らす必要があります。とくに北国は霧が出やすい。夕暮れに霧がかかり始めると、沖合から急《せ》かせるような船の汽笛が聞こえてきます。そんな時、決まって母は「ほら、お船が泣きだした。早く霧笛かけてやらなくちゃ」というのが口癖《くちぐせ》だった由です。

船にとって灯台は何よりの道しるべです。それが霧に閉ざされて見えないとなると、これほどの不安はありません。ですから、ただちに霧笛を鳴らすのは大事な役目なのです。

霧笛は濃霧ばかりでなく吹雪の時にも鳴らしますが、その間隔は四十秒間に四秒ずつ鳴らすのが決まりで、その音は八海里（約十五キロ）先まで届いたといいます。

「官舎の窓硝子《がらす》をびびっ、びびっとふるわせて、ウーウー、夜昼休みなく唸《うな》りつづけることがあったが、そんな時、作業にあたっている人々の顔は、寝食も忘れてという真剣さである。まったく霧笛作業につきはじめると、食事にかえるひまもない」とは、子供時代の著者の回想です。

こうした苛酷《かこく》な環境に育ったにもかかわらず、著者には露ほどの後悔もありません。かえって誇りとして胸に刻まれているのです。

「私は灯台に生まれ育ってよかった。……世の中のみにくい嵐にもまれ、いためつけられる憂《うれ》いを知らずに、父母のおおらかな愛に守られて、ふんわりと大きくなった。世間知らずと、いわれることがあっても、私は、かえってそれを嬉しく、ありがたく受ける」

「守れともし火」

橋本善之助著『灯台生活三十三年』（昭和十八年刊）によれば、妻の出産時、すぐに産婆《さんば》も呼べない辺境では、夫みずから子供を取り上げることもあったそうです。

橋本氏はいわく、「男達は手まめで、器用であり、毛糸を編んだり、縫物《ぬいもの》をしたり、わが娘の髪を結ってやるくらいは朝飯前だった。そうして育てられた子供達は、いくら遠く離れても、肉親の絆は世間のどんな親子よりもつよく結ばれているのであった。まことに灯台の子は強い」と。

このように、灯台の男たちは何でもこなしたのです。その彼らに平素から心を寄せ見守られた方がいました。その人こそ大正天皇の皇后であられた貞明《ていめい》皇后です。

昭和十一年十二月末、全国の灯台守に向けて、金一封とともに賜《たまわ》った御歌はどんなに灯台守の励みとなったことでしょう。

荒浪もくだかむほどの雄心《おごころ》をやしなひながら守れともし火

貞明皇后が灯台守の生活に関心を持たれる契機は、大正十二年五月に遡《さかのぼ》ります。折しも葉山の御用邸に滞在中の貞明皇后は三浦半島をドライブされ、観音埼灯台に立ち寄られたのです。この時、案内役を務めたのが灯台長の吉國兼三氏でした。

この訪問で灯台守の生活を知られた貞明皇后は、以後折々に彼らを励まされたのです。

思召しのラジオ

前述の御下賜金《ごかしきん》については、その思召《おぼしめ》しに添うべく全国の灯台にラジオ受信機を購入して贈ることになりました。

世間の動きから隔絶《かくぜつ》した灯台に暮らす多くの家族に、この上もない感激をもたらしたのはいうまでもありません。

灯台では新聞が届かないことはたびたびで、場所によっては半年も情報が遮断されることがあります。

千島列島の国後島《くなしり》東端に建つ安渡移矢《あといや》灯台では、十一月から四月にかけて航路が絶え、「流氷のかちあう音、すれあう音、島をゆする怒濤《どとう》のうめきのなかで、灯台の人々は買い置きの食料を黙々と削りながら明るい春の日ざしを待つ」という生活が続くのです。

　贈られたラジオは、こうした氷雪に閉ざされた世界に臨場感溢《あふ》れる生きた情報を伝える役割を果たしました。

　当時発行された『御仁慈のラジオをいたゞいて』という記念誌に広島県屋《や》形石《かたいし》灯台の女子児童は、「ラジオを聞きに前に行くと、仏だんの前に出るのとおなじ気持になります」と綴《つづ》っています。

　灯台に生きる家族は、かくまでの汲めども尽きない感謝を胸に任務に励んだのです。

　山崎富美さんが、四十年の灯台生活

を終えようとする両親に捧げた歌に、灯台守の人生の哀歓《あいかん》が惻々《そくそく》として伝わってきます。

皇《すめらぎ》のみ海護らす灯《ひ》を守《も》ると父は諸身を捧げまつらく
陰とそひ父の聖業《つとめ》を助けつゝ荒磯《ありそ》に老いて母悔《く》いませず
最涯《いやはて》の北の島にも父母《ふぼ》とゐて淋しさは知らじ灯台の子吾は

筆者は思うのです。あの岬の果てに、彼方の絶海の孤島に、家族協同で困難に打ち克《か》ちつつ、海洋国家日本の船舶の安全を守護し続けた灯台守の史実も、忘れてはならない報国の偉業だったのだということを。

第三章

家族のきずな

赤穂浪士小野寺十内とその妻の哀切の物語

空前絶後の「忠臣蔵」

我が国に今日まで伝えられている歴史物語の最たるものは、何といっても「忠臣蔵」です。歌舞伎や講談、映画などに数多く取り上げられ、空前絶後のロングランを誇っています。

記録によれば、その嚆矢《こうし》として伝えられているのは江戸で上演された『曙曾我《あけぼのそが》夜討《のようち》』です。初演は元禄十六（一七〇三）年二月十六日といいますから、赤穂《あこう》の遺臣《いしん》が吉良上野介《きらこうずけのすけ》を討ち取った前年十二月十四日からわずかに二か月、義士の切腹からたったの三日しか経っていません。驚くべき早さです。

騒擾《そうじょう》の引き金は勅使饗応《きょうおう》をめぐる浅野内匠頭《たくみのかみ》と高家筆頭の吉良との角逐《かくちく》です。

内匠頭が刃傷《にんじょう》に及んだ時、度重なる吉良の仕打ちに「此間の遺恨覚えたるか」と叫んで斬りつけたといいます。幕府による内匠頭切腹の断はその日のうちに下されました。

主君の悲報を知るや、播州《ばんしゅう》赤穂藩では家中《かちゅう》総登城して開かれた評定で甲論乙駁《こうろんおつばく》の意見が交わされますが、「昼行灯《ひるあんどん》」と渾名《あだな》された家老の大石内蔵助《くらのすけ》は本懐《ほんかい》を心中深く隠し、ひたすら当面の後始末に傾注します。

無事に城明け渡しが済み、浅野家再興もならずと判明すると、有志一同に対し初めて復讐《ふくしゅう》の本懐を開陳するのです。

最終的に四十七士の義士が本懐を遂げるまで、一年有半も結束し得たというのは稀有《けう》のことです。それだけでも大石内蔵助という人物の器量のほどが知られます。

赤穂藩に小野寺十内あり

ところで、この四十七士の中に小野寺十内《じゅうない》という人がいます。彼は長年京都に詰める御留守居役《おるすいやく》を仰せつかっていました。当時六十歳に近い高齢であり、実直な人柄でした。内蔵助とは身分も家禄も違うものの、肝胆相照《かんたんあいて》らす仲だったともいいます。

十内は悲報を聞いて、ただちに赤穂に向かいます。彼は内蔵助の本懐をいち早く察していたようです。京都を発つ際は、鎧《よろい》一領に槍《やり》一筋、帷子《かたびら》一枚という出で立ちでした。

爾来《じらい》、この義士は留守を預かる妻の丹《たん》に宛てて折々に手紙を出し続けた人でもあります。また、丹もそのたびに返信しました。当欄では、この二人の知られざる交流を紹介します。

元禄十四年四月十日、こういう手紙を丹に書き送っています。

「六日七日のふみ夕べ一度に届き申し候。母様何ごとなふ御座なされ候由、お嬉しく存じ候。随分心を付けて、朝夕をもうまきやうにして進じ申さるべく候。……此許《ここもと》の事気づかひの由尤《もっと》もの事に候。さぞさぞと思ひやりまゐらせ候」

赤穂に発った夫は、きっと九十歳を越えた老母のことを気に懸けているに違いない。そこで丹は、母は取り乱した様子はないことを知らせて安心してもらうべく、十内のもとに手紙を書き送っていたのでしょう。これに対する十内からの返信でした。

老いた母に孝養の限りを尽くし、一人立ち働く妻に感謝の念を忘れなかった十内、真の男の面影が偲《しの》ばれます。小野寺十内はそういう人でした。

この手紙には次のような心境も綴《つづ》られています。信じ切った伴侶《はんりょ》だからこそ流《りゅう》露《ろ》した感慨でしょう。

「さてさて思ひかけぬ世の有様、むかし語りに聞き候浄瑠璃《じょうるり》の人形太平記やうのものにて、見聞き候ふぜいこの身の上になり、誠に風の前のともし火、葉末の露をあらそふ命と成り、日頃よろずに付きてふかかりし欲を忘れ、心の清きこと氷の如くにて候」

いうまでもなく「思ひかけぬ世の有様」とは、主君である内匠頭切腹の一件にほかなりません。

かくてお家断絶となり、仇敵《きゅうてき》を討たねばならぬ仕儀《しぎ》となったみずからの運命を思う時、彼の胸には人形浄瑠璃で親しんだ太平記が甦《よみがえ》ってくるのです。

後醍醐《ごだいご》天皇に忠誠を誓い、一族悉《ことごと》く献身した楠木正成《くすのきまさしげ》の悲劇的人生が痛切に身に沁《し》みたのでしょう。「心の清きこと氷の如くにて候」とは、十内の偽らざる心境だったに違いあ

りません。

太平記に見る忠義に生きた楠木一族の人生は、彼ら赤穂義士にとっても暗夜を照らす指針だったと思われます。

大石内蔵助の深甚なる謝意

十内が江戸に向けて出立したのは、元禄十五年十月のことです。その途次、志賀の浦に差しかかり淋《さび》しく寒風に吹き付けられる一本の松を見るや、独り家を守る丹の面影が浮かんで、こんな歌を詠んでいます。

故郷に斯《か》くてや人の棲《す》みぬらんひとり寒けき志賀の浦松

また、箱根近くで江戸から京都へ上る知人に出くわし、茶店でしばし歓談をする機会がありました。

この時手紙を認《したた》め、その端に、

限ありて帰らんと思ふ旅にだに尚ほ九重《ここのえ》は恋しきものを

という一首を書きつけ、妻に届けて欲しいと託しています。「九重」とは都のこと、妻への切なる心が溢《あふ》れた歌です。

妻の丹はどのような女性だったのでしょうか。実は大石内蔵助が明かしています。内蔵助は吉良邸討入の直前、十二月十日に丹宛に手紙を出していたのです。

「いよいよ御そく才のよし、おりおり十内殿御便りに承り、珍重に存候。爰許《ここもと》十内殿一だんと御無事、拙者《せっしゃ》相宿にて、昼夜御心易く申し談じ、大慶に存候。……さぞさぞ日々のおあんじと、ご心底《しんてい》のほど推《お》しはかりまいらせ候」

文面で分かるとおり、内蔵助は十内と相部屋でした。この度の一件、さぞ御心痛のことと拝察します。まずそう気遣って真心を込めた思いを綴《つづ》っています。

「十内殿御一家方、大勢御揃《おそろ》ひ、此度忠志の御事、誠に御しんせつの御志、後代迄の御外聞《ごがいぶん》と、さてさて御うら山しく存候。……幸右衛門殿、源五殿、その外とも御無事、随分すくやかなる事共に候まゝ、御気遣あるまじく候。……在京の内はたびたび参りお目に懸かり、御馳走になり申し候。何事も何事もむかし夢の心地に存候。……十内殿ご無事の由申し進じたく、又はお暇乞《いとまご》ひのため、かたがたかくの如くに御座候。もはや御返事下され候事無用に存候」

一読して、内蔵助と十内夫婦との交流の細やかさが惻々《そくそく》として伝わってきます。討入に際し、内蔵助が宿をともにした相手は気心が知れた十内だったのです。注目すべきは、小野寺一族を挙げて討入に参画した、その忠義のほどに内蔵助が深い感謝の念を捧げている点です。

十内夫婦には子がなかったため、姉の次男幸右衛門を養子とします。幸右衛門の実兄は大高源五ですから、十内の甥《おい》に当たります。

ほかにも義士の一人岡野金右衛門は十内の弟の子でした。彼らは十内を筆頭に討入に結集したのです。楠木一族を彷彿《ほうふつ》とさせる献身というほかありません。「十内殿御一家方、大勢御揃ひ、此度忠志の御事、誠に御しんせつの御志」とは、このことを指しています。

されればこそ内蔵助は、討入の前夜、独り残る丹の身の上を思いやり、江戸の地から万感を込めて頭《こうべ》を下げたのです。

「つまや子の待つらんものを」

討入前の九月に十内の母は亡くなり、丹はまったく独り身となって家を守っていました。

見事討入を遂げたあと、十内らは細川家に身柄を預けられますが、丹との間の手紙の往復が再開します。この時、丹は手紙に添えて夫に一首の歌を捧げています。

筆の痕《あと》看《み》るに泪《なみだ》の時雨《しぐれ》来ていひ返すべき言の葉もなし

これを受けて十内は切腹の迫る元禄十六年二月三日、末期《まつご》の手紙を書き送ります。その結び近くに次のように二首の歌を添えています。

「……我がこの歌にて、あきらめられよかし。

迷はじな子とともにゆく後の世は心のやみも春の世の月

死ぬべきなれば、古里も忘れたらんかとも、思ひもめさるべき。此歌此頃思ひつづけ候まま申入候。膳部《ぜんぶ》（料理）に色々の春の野菜を出されたるを見て、

むさし野の雲間も見えつ故里の妹《いも》が垣根の草も萌《も》ゆらん」

一人残してゆく妻を遙《はる》かに偲び、従容《しょうよう》として死に赴く十内の心懐に胸打たれてなりません。

さて、かくまでの情愛の歌を寄せられた丹のその後の消息を付言しておきます。

彼女は夫と子をはじめとする一族の四十九日の法要を営み、京都左京区の西方寺に合祀墓《ごうしぼ》を建立しました。次いで本圀寺《ほんこくじ》の塔頭《たっちゅう》了覚院に籠《こ》もり絶食、十内のあとを追って逝《い》ったのです。彼女が詠んだ辞世の歌は次の通りです。「つま」とは夫の意です。享年四十八歳でした。

つまや子の待つらんものを急がまし何かこの世に思ひおくべき

さて時は流れ、明治元年を迎えた折のこと、東京に行幸された明治天皇は高輪《たかなわ》泉岳寺《せんがくじ》に勅使を遣《つか》わし、赤穂義士の墓前に勅語《ちょくご》並びに金幣《きんぺい》を下賜《かし》されています。勅語にいわく、「汝良雄《なんじよしお》（大石内蔵助）等、固く主従の義を執り、仇を復して法に死す。百世の下、人をして感奮興起《かんぷんこうき》せしむ。朕《ちん》深くこれを嘉賞《かしょう》す」と。

かくて、赤穂事件は、名実ともに国民史の上に正統の位置を占めることとなったのです。小野寺十内と丹との間の哀切《あいせつ》の歴史も瑞々《みずみず》しく刻まれています。

会津戦争に散った中野竹子の悲劇の生涯

会津随一の才媛

平成二十年三月上旬のこと、講演に招かれ初めて会津若松市を訪れました。その折、同市坂下町《ばんげまち》の法界寺に眠る中野竹子《たけこ》のお墓に立ち寄り、香を焚《た》き墓前にしばし額《ぬか》ずき、その悲劇の生涯を偲《しの》んだしだいです。

竹子は会津戦争時、城外に置かれた婦人たちが自発的に結成した娘子《じょうし》隊の隊長であり、当時は二十二歳の若さで会津随一の美女と評判の高かった才媛《さいえん》でした。妹で十六歳の優子とともに先頭を切って新政府軍と果敢《かかん》に切り結んだ勇姿は今に伝えられています。

姉妹が生まれたのは会津ではありません。父の中野平内《ひょうない》は江戸詰の勘定役であったため、彼女らは江戸の会津藩邸で生まれ育ちます。揃《そろ》って文武に秀で衆目を集めたといいます。

竹子は十二歳の頃、父の勧めで藩主松平容保《かたもり》の義理の姉照姫《てるひめ》に薙刀《なぎなた》を指南していた赤岡大助から薙刀や詩文の指導を受け、才能が豊かに花開き、赤岡家の養女に迎え入れられます。

しかし、藩主松平容保が京都守護職に就いた頃、赤岡は脱藩、行方不明となり、慶応二（一八六六）年、竹子は初めて郷里の会津に足を踏み入れ、養父の実兄のもとに身を寄せるのです。

津では塾と道場を開いて地域の子供たちの指導に当たり、一方で会津にそのありと謳《うた》われた黒河内伝五郎《くろこうち》に新たに武術を学ぶという精進ぶりでした。黒河内は神夢想無楽流《しんむそうむがくりゅう》の居合術の達人で、宝蔵院流槍術《ほうぞういんりゅうそうじゅつ》や薙刀術なども指南する手練《てだ》れの武道家です。晩年は失明、会津戦争の際に自刃《じじん》して果てます。

いずれにせよ、才色兼備ながら彼女には武道家としての天分があったものと思われます。

慶応四年、鳥羽伏見の戦に敗れた会津藩は新政府軍に徹底抗戦の意思を固め、江戸詰の竹子の実父中野平内、母幸子、そして妹優子も会津に引き揚げて来ます。会津では借家住まいながら、竹子も赤岡家と離縁して久しぶりに両親家族と同居することになります。

会津時代の竹子にはこんなエピソードが残っています。借家には風呂はなく、竹子が部屋で沐浴《もくよく》していたところ、地域の男どもが覗《のぞ》きに忍び込んで来るのです。察知し[illegible]にただちに身支度し、薙刀を手に表へ出て、男たちを追い詰めます。

そこらの悪ガキが束《たば》になっても勝てる相手ではありません。男たちが一閃首《いっせん》を刎《は》ねられようとする寸前、騒ぎを知った住民たちが懸命に取りなして何とか怒りを鎮《しず》めて貰ったといいます。いかにも竹子らしい武勇談です。

娘子隊の奮戦

新政府軍との激戦が始まると、竹子らは有志を集い、娘子隊を編成し、会津の楯《たて》として戦う意志を示します。その戦いぶりは、辛《かろ》うじて生き残った依田菊子が八十一歳の時に語った回想談に生々しく記録されています。

当時十八歳の菊子は姉のまき子とともに襲来する敵兵を迎え撃つべく、「先《ま》づ髪を断つてしつかと束ね白鉢巻《しろはちまき》に白襷《しろたすき》をかけ義経袴を穿《うが》ち一刀をそなへ薙刀を掻《か》い込み」急ぎ家を出たといいます。

彼女ら娘子隊は指揮系統が明確化された正規軍とは異なる急場の私兵です。藩当局も戦場に出るのは控えるよう説得したものの、ならば自決するといって聞き入れません。そこで、家老の萱野権兵衛《かやのごんのひょうえ》は旧幕府軍の歩兵隊頭取の古屋佐久左衛門率いる衝鋒隊《しょうほうたい》が来援していたので、彼らに竹子ら娘子隊を預けることにしたのです。

こうして、彼女らは会津鶴ヶ城に籠《こ》もった男たちとは別に、外人部隊の古屋の指揮下に入って、城下西端の涙橋付近で長州や大垣《おおがき》の兵との白兵戦に臨むのです。

この時、竹子は愛用の薙刀に辞世《じせい》の一首を結びつけていました。

武士《もののふ》の猛《たけ》き心にくらぶれば数にも入らぬ我が身ながらも

時は慶応四年八月二十五日のことです。竹子の壮烈な戦死の目撃談を菊子の回想から引いておきましょう。

「……愈々《いよいよ》斬り込んで接戦となり、妾共《わらわども》も此処を先途と、互に警《いまし》め互に励まし、弾雨《だんう》を冒して縦横に斬つて廻りましたが、接戦最中に敵の隊長らしきものが女と見てか、『討たずに生捕れ……』と激しく声をかくると、敵兵共俄《にわか》に妾共目がけて群がり来り、幾重にも囲みました。妾共も、『生捕らるゝな……恥辱《ちじょく》を受くるな……』と大音声にお互に呼ばりつゝ、必死となり当たるを幸ひ斬り捲《まく》りましたが、竹子さんは遂に額に弾丸を受けて斃《たお》れました。之を見た幸子さんと優子さんは怒り心頭に発し、獅子奮迅《ししふんじん》の勢にて之に近づき、漸《ようや》くにして其首を介錯《かいしゃく》されました。この間戦闘二三十分位であつたかと思ひます」

これが竹子の最期でした。満年齢でいえば十四か十五の優子は最愛の姉が撃たれたと知るや、母とともに屈強な男たちを薙刀で斬り払って駆け寄りました。
後年、その息詰まる光景を優子みずから書き留めています。

「妾は母の近くにて少しは敵を斬つたと思ひますが、姉がヤラレタといふので、母と共に敵を薙ぎ払ひつつ漸《ようや》く姉に近づき介錯しましたが、うるさき敵兵共喧々《けんけん》囂々《ごうごう》と倍々群がりたかるので母と共に漸く一方を斬り開き、戦線外に出ました」

今際《いまわ》の姉は介錯をと懇願したのでしょう。少女は見事姉の願いを果たし、首を

片手に修羅場の戦場を駆け抜けました。地元の農民兵の協力もあった由《よし》ですが、優子の行為には驚きとともに畏敬《いけい》の念すら覚えます。

その後、優子は会津戦争を生き延びて函館へ、のち青森県八戸市へ移り昭和六年に死去。享年七十九歳の長寿をまっとうしています。

黒河内伝五郎と吉田松陰

ところで、長州・大垣兵の強者と互角に渡り合えた中野姉妹の腕前は、前述の通り赤岡大助や黒河内伝五郎による指南のたまものでしたが、実はこの黒河内は長州藩とは昵懇《じっこん》の間柄でもあったのです。

彼は弘化元（一八四四）年の四十歳の頃、長州藩に招かれた会津藩士で宝蔵院流槍術の使い手志賀小太郎に随行して萩に一年ほど滞在、長州藩士に対して槍術の指導に当たった経験があったのです。

小太郎の父は与三兵衛といい、槍術師範として名高く、小太郎も人に知られる達人でした。従って与三兵衛の高弟黒河内も槍術指南の一員として同行したわけです。

当時、十四歳の吉田松陰は明倫館兵学師範見習いの頃で、この二年前には萩の槍術家横地長左衛門から初めて槍の手ほどきを受けたばかりでした。

小太郎や黒河内らは明倫館をはじめ萩城下の道場で長州藩士に稽古《けいこ》をつけたといいますから、当然松陰も彼らに稽古をつけて貰ったことでしょう。これを裏付ける証拠が『吉田松陰全集』に収録の「東北遊日記」に認められます。

嘉永四年十二月、脱藩して宮部鼎蔵《みやべていぞう》らと東北遊歴の旅に出た松陰は、翌年一月二十九日に会津城下に初めて足を踏み入れ、坂の上から眺めた第一印象を「城市を下瞰《かかん》すれば一望瞭然《いちぼうりょうぜん》、田野も又甚《はなは》だ闊《ひろ》し」と書き付けています。

明けて三十日の日記に「志賀与三兵衛・黒河内伝五郎を訪ふに共に在らず、伝五郎の子百太郎に逢ふ」と見えます。

松陰が早々に訪問したのは、かつて萩城下で槍術の指南を受けた黒河内であり、その師だったのです。小太郎の名が見えないのは、二年前に三十八歳で死去していたからです。

二月一日の日記には「志賀・黒河内・井深来訪す」とありますから、先方から松陰に面会に来ていることが分かります。留守中に松陰が訪ねて来たと知り、驚きと懐かしさで駆けつけたに違いありません。

十四歳の松陰の思い出は十年近い歳月がすぎていてもかくも印象深く刻まれていたのです。

松陰ありせば……

六日の日記には、この日黒河内の案内で会津藩校日新館の見学に出向いていています。「黒河内吾れら二人を竊《ひそ》かに日新館を観せしむ」との記述から推して、当時の日新館は他藩の者の視察を厳しく禁じていたと思われます。

にもかかわらず松陰らに内部を披露したのは、余程の信頼があったからです。明倫館に引けを取らない日新館の偉容を自慢したかった面もあったでしょう。

松陰は黒河内から日新館に関して、「学政は童子十歳以上は必ず素読を学ばしめ、十五歳以上は必ず弓馬槍刀を学ばしめ、十八歳以上は必ず長沼氏の兵法を学ばしむ。午前文を学び、午後武を講ず」と聞き及んでいました。日新館では十歳から十八歳以上まで義務教育なのだというのです。では「十八歳以上」とは何歳迄を指すのでしょうか。

小川渉『会津藩教育考』に翻刻《ほんこく》の日新館教令の規定よれば、義務教育年限は家督相続の長子で二十五歳、二男以下は二十一歳、場合によっては修業年限が延長されるケースがあったというのです。

こうした義務教育の徹底は古今東西でも珍しく、実際にこの目で見聞したいと松陰らが熱望したのも頷《うなず》けます。

以上見る如く、長州藩士吉田松陰と黒河内伝五郎ら会津藩士とのうるわしい交流のひとこまがあったのです。黒河内に教えを受けた点では、松陰と竹子・優子姉妹は同門といってよいでしょう。

今も会津若松と萩との間は溝が深い。会津戦争の悲劇を見れば当然ですが、師弟の親睦《しんぼく》を深め、長じて東北をあまねく踏破《とうは》し、人情を結んだ松陰のような知己《ちき》もいたのです。まことに歴史とは不思議なものです。

松陰ありせば、身体を張ってでも会津藩への無慈悲な仕打ちは阻止したに違いありません。

我が子の供養に母が刻んだ橋の擬宝珠

母が刻んだ擬宝珠の銘

かつて名古屋市を横切る東海道に「裁断橋《さいだんばし》」と呼ばれる橋が架《か》けられていました。橋の下を流れる川は「精進川」といいましたが、大正十五年に埋められ、橋も撤去されて今は跡形もありません。

現在は、名古屋市の博物館に橋にとりつけられていた擬宝珠《ぎぼし》の一部が保管されています。擬宝珠には銘《めい》があり、この橋が架けられた動機が刻まれています。まずその全文を紹介します。

てんしやう十八ねん二月

十八日に、をだはらへの
御ちん、ほりをきん助と
申十八になりたる子を
たたせてより、又ふため
とも見ざるかなしさの
あまりに、いまこのはし
をかける成、ははの
身にはらくるいと
もなり、そくしんじやう
ぶつし給へ、
いつがんせいしゆんと後
のよの又のちまで、此
かきつけを見る人は
念仏申給へや、卅三

年のくやう也

殆《ほとん》ど仮名で記されたこの銘は、戦国から江戸時代にかけて生きた母親の一人が死んだ我が子を偲《しの》んで刻んだもので、多少補足しながら口語に直すと、およそ次のような意味となります。

「時は天正十八年、豊臣秀吉による小田原征討の際に、堀尾金助という十八歳になる我が子をこの地で見送ったのですが、悲運にも小田原の陣中で病没してしまいました。今、死別した我が子に二度と会えない悲しみのあまりに、ここに橋を架けて記念にしようと思うのです。悲しみはますます募《つの》りますが、あわれ我が子よ、どうぞ即身成仏しておくれ。

またこの橋を行き来する旅人よ、擬宝珠に刻んだこの母の一文を目にしたならば、若くして死んだ法名逸岩世俊《いつがんせいしゅん》という若者の存在に心をとめて下さって、しばし念仏をたまわらんことを。亡き我が子三十三回忌の供養に当たって心からお願い申します」

陣中に病没した若武者

天正の頃から江戸、明治、大正を通じて東海道に架かるこの橋を行き来した多くの人々は、きっと擬宝珠の脇にたたずみ、束《つか》の間の休息をとりながら、三十三回忌を経ても死んだ我が子を心から思い続ける老いた母の情に胸打たれたに違いありません。

ところで、この堀尾家の母子二人にまつわる消息はどのようなものであったのか、以下に紹介してみましょう。

そもそも堀尾氏は、鎌倉末期に尾張に移り住み、丹波郡御供所の地を領地としました。戦国の世には豊臣秀吉に仕え、天正十八（一五九〇）年に関東平定のため北条氏の拠《よ》る小田原征討に乗り出した秀吉に従って出陣します。

ただ金助の父は、病床にあって出陣はかないませんでした。ほどなく病没した模様です。

そこで息子の金助が父に代わって初陣《ういじん》に発《た》つのです。小田原へは、叔父及び年長の従兄弟《いとこ》で小田原攻めで殊勲《しゅくん》を立てることになる堀尾吉晴とともに進発しています。

地元に残る逸話によると、金助母子は出陣に際して熱田神宮の社頭に武運長久《ぶうんちょうきゅう》を祈り、裁断橋の上で母の見送りを受けて出立《しゅったつ》したといいます。実はこれが二人の今生の別れでした。

金助が御供所を発ったのは二月十八日、小田原の陣中で病没したのが六月十八日です。したがって、史上に名高い四月二十八日に展開された城攻めの戦さには吉晴らとともに奮戦したことでしょう。

しかるに、病気か負傷かは定かではありませんが、思わぬ病床に臥《ふ》してしまい、ついに不帰の人となったのです。不運な最期でした。

架橋の志

ところで、合戦の最中に死去したとはいえ、金助の遺骨はのち母の許に届けられています。手塩にかけて育てた我が子の遺骨を前にした母の悲しみのほどが偲ばれてなりません。

しかし、金助の母は悲嘆に暮れていたばかりではありませんでした。金助を弔《とむら》う何事かを為したいと思う気持ちが募るのです。悲しみが深まれば深まるほど、その悲しみを形あるものに昇華させたいと願ったからにほかなりません。

そこで、今生の別れとなった思い出の橋が老朽化していたことを知り、せめて傷《いた》みが激しいこの橋を修築して供養にしたいと思い立つのです。併せて橋を利用する多くの人々の役にも立つわけで何より金助の追善供養にふさわしい。

こうして、金助のために蓄えてきた私財

を投じて橋の架け替えに踏み切り、これを知った地域の人々も胸打たれ協力を惜しまなかったといいます。

完成すると、橋供養が行われました。地域の人々は母子の運命を思い、しみじみと母心に感じ入りながら新たな裁断橋の上を踏みしめて渡ったものと思われます。いずれも天正十八年のことです。

さて時は流れて、三十余年がすぎました。これまた人の世の常で、すでに橋の謂《いわ》れも金助母子のことも人々の脳裡《のうり》からは消え去っていた頃です。

この母親は齢《よわい》七十を超えて生きながらえていました。しかも彼女にとって何年経とうと、我が子金助は過去の人ではありませんでした。老母の胸にはその面影は確実に生き続けていたのです。

なんと金助の三十三回忌を迎えようとする頃、七十の老母は官に願い出て許しを得た上で、再び橋の架け替えを決意します。この時、彼女は欄干《らんかん》の擬宝珠に金助の事跡を銘として刻んで後世に残そうと願うのです。

着工したのは金助の三十三回忌を翌年に控えた元和七（一六二一）年のことで

した。世はすでに江戸時代に入っていました。

しかるに完成目前に、新たな橋を見ることなく死去します。遺《のこ》された橋と擬宝珠には、老母が後世に遺すべく綴《つづ》った一文が彫りつけられていました。先に引用した銘はこの時のものです。

擬宝珠は路傍に建てるべし

なお記録によれば、裁断橋は江戸、明治を通じて四度ほど架け替え修復を行っているものの、母が万感の思いを込めた銘文の刻まれた擬宝珠は当時のまま残されて往来の人々は目にすることができました。

大正十五年に橋が取り壊され、精進川が埋め立てられても、擬宝珠だけは路傍《ろぼう》に建て直されていたのです。母の心を後世に伝えたいと願ったからでしょう。

しかるに戦後、その擬宝珠も博物館に収蔵されることとなり、今やケースの中に保管されています。もちろん参観は可能ではあっても、ケース越しです。筆者が訪ねた折もそうでした。

貴重な遺物として保管するのは分からないではありませんが、筆者は反対です。むしろ、もとの場所に立てておくべきではないのかと思うのです。

たとえ風雨にさらされようと、或《ある》いはいたずらされることがあるやもしれませんが、それでも博物館から出すべきだといいたいのです。第一、母の志に反するではありませんか。

以前のように、路傍に立ってさえいれば、我が子の子育てに苦悩する親が密《ひそ》かに訪ねてきて、擬宝珠を撫《な》でて親としての気持ちを立て直すようなこともあるでしょう。それこそが金助の母の願いにもかなうはずです。

擬宝珠を撫でながら泣いた昭和の親子

その証左の一つを挙げておきましょう。かつて福岡県が生んだ優れた教育者に中村十生（亀蔵）という方がいました。

昭和八年、中村が愛知県立半田中学校長だった時、裁断橋の跡を訪ねて行ったそうです。すでに橋も川もありませんでしたが、擬宝珠は欄干の石柱の上に備えつけられていたといいます。

中村校長は、

「両掌で銘文の上を撫でまわすと、長い歳月を超えて、じかに金助の母の切々たる親心にふれる思いがして、思わず眼頭が熱くなるのであった。短いが、まことに真情の溢《あふ》れた文である。暖かい、そして深い親心が、古びた青銅の面に脈々と生動しているのが感じられる」

と書き残しています。

このように「暖かい、そして深い親心」は、この擬宝珠を撫でまわしてこそ感得されるものです。世間から隔離して保存することだけが必ずしも歴史の顕彰《けんしょう》ではありません。

のち福岡県の小倉中学校長に転任した中村校長は、請われてＮＨＫ小倉放送局からラジオ放送で金助親子の歴史を切々と語ったことがあります。

すると、この放送を聴いた生徒の一人は両親とともに現地に赴き、親子三人で擬宝珠をかき撫でながら涙を流して感動したといいます。

今の世にも、そうした願いを抱く親子や教師は必ずいるはずです。この手のひらに、あの金助の母の限りない慈愛の心を感受したいと欲する人々のためにも、擬宝珠はもとの位置に建てられるべきです。

そうして初めて歴史にいのちが通うのではないか。筆者にはそう思われてなりません。

橋を渡る旅人に向かって、「後のよの又のちまで、此かきつけを見る人は念仏申給へや」と呼びかけた母の悲願は、そこにあったに違いないのです。

家族を探し歩いた天田愚庵の数奇な一生

戊辰戦争――親子の別離

天田愚庵《あまだぐあん》。幕末から明治にかけて生きた、知る人ぞ知るまことにユニークな人物です。安政元（一八五四）年に磐城《いわき》国に生まれ、十五歳で戊辰《ぼしん》戦争を体験、一家離散の運命に翻弄《ほんろう》されますが、その経歴は実に波乱に富んでいます。

山岡鉄舟《てっしゅう》に親炙《しんしゃ》したかと思えば、清水次郎長の養子に入って富士の裾野《すその》の開拓に尽くす。ある時は写真師となって各地を巡り、またある時は巡礼の旅に出る。ついには僧籍に入り仏道に励むという紆余曲折《うよきょくせつ》の人生を送っています。いずれも行方不明の両親と妹を全国津々浦々に探し求めての遍歴にほかなりません。

彼には一巻の全集が遺されています。『愚庵全集』といい、多くの漢詩や和歌、肉親探訪の巡礼日記などが収録されています。殊《こと》に和歌については、独特の万葉ぶりの風格が漂い、親交を結んだ正岡子規にも少なからぬ影響を与えたと伝えられているほどです。

明治元（一八六八）年、新政府軍を迎え撃っての激戦の中、十五歳だった愚庵は両親と妹を見失い、再会した兄善蔵とともに両親の行方を探すものの、手掛かりさえ見つかりませんでした。実はこれが両親との今生《こんじょう》の別れだったのです。

孝子愚庵の苦難の生涯はここに始まっています。

山岡鉄舟と清水次郎長

明治五年、上京していた愚庵は人を介して山岡鉄舟の門を叩《たた》きます。この鉄舟との出会いが愚庵の人生に転機をもたらしたのはいうまでもありません。

鉄舟は無刀流の開祖として名高い人で、激動の幕末明治期に活躍した傑物《けつぶつ》です。戊辰戦争では西郷隆盛と会見して勝海舟との会談を周旋《しゅうせん》、江戸を戦火から救った人で、また明治天皇に侍従《じじゅう》として仕え、信任が厚かったことでも知られています。

ところで、愚庵には直情径行《ちょくじょうけいこう》なところがあり、後先考えず国事にのめり込むこともたびたびでした。その頃のことです。鉄舟は彼をある人物に引き合わせるのです。

その人物こそ、幕末の侠客《きょうかく》として勇名を馳《は》せていた清水の次郎長こと、山本長五郎です。鉄舟とは昵懇《じっこん》の仲でした。次郎長にこう切り出しています。

「親方よ、我今汝《なんじ》に預くべき物こそあれ、此の眉毛太き痴者をば暫《しばら》く手元に預かり呉《く》れよ、尻焼猿の事なれば、山に置くもよかるべし」

次郎長はすでに愚庵の身の上は聞き及んでいたようです。二つ返事で応じました。

「畏《かしこ》まつて候、某《それがし》し屹度《きっと》預かる上は御気遣《おきづかい》あるな、併《しか》し余りに狂ひ候はゞ其時胴切に斬り放し候ほどの事は御許しあれかし」

この時、愚庵二十五歳。鉄舟は四十三歳、次郎長は五十九歳の円熟期を迎えていました。剣禅両道の達人と東海道随一の侠客との阿吽《あうん》の遣《や》り取りを前にして、愚庵はさぞや身が縮む思いだったことでしょう。

次郎長が名を売った「荒神山《こうじんやま》の喧嘩」が慶応二（一八六六）年。その二年後には、清水港に寄港した旧幕府の咸臨丸《かんりんまる》が官軍の襲撃を受け乗組員の多くが惨殺されますが、次郎長は陣頭指揮をとり遺体を収容して丁重に埋葬したといいます。

この時の次郎長の行為に感服したのが鉄舟です。爾来《じらい》、二人の傑物の間は深い絆で結ばれました。鉄舟はこの次郎長に愚庵を預けてみたいと思ったのです。

次郎長のもとにいれば、人の出入りも多く肉親探索に役立つこともあるはずです。また明治七年以来、次郎長は富士の裾野の開墾事業に取り組んでいました。「山に置くもよかるべし」といったのは、この仕事の手伝いでもさせたらどうかという意味です。

こうして愚庵は次郎長の世話を受け、一時期は養子にもなったほどです。次郎長は愚庵の肉親のことを各地に手紙を出して照会の労をとったといいます。しかし、全国から寄せられた数多くの情報の中にもこれといった手掛かりはありませんでした。

旅廻りの写真師から禅門へ

明治十二年から二年あまりの時期、愚庵は写真師となったことがあります。肉親探索に役立つのではないかと考えたからです。小田原に開業し、熱海、伊東、河津など伊豆の温泉場、さらには東海道を経て京都に赴きます。次いで未踏の東山道へと足を延《の》ばすも、何らの情報も得られず帰京します。

体調を崩した愚庵は旅廻りの写真師稼業を打ち切り、明治十九年が明けると、友人らの勧めで大阪内外新報社の幹事として赴任することになりました。

この時、鉄舟の許へ暇乞《いとまご》いに訪れたところ、一通の書を与えられ、こう諭《さと》されたといいます。鉄舟いわく、

「天龍寺の滴水禅師《てきすいぜんじ》は世に隠れなき禅門の大徳にて、我が為にも悟達《ごたつ》の師なり。汝事業の余暇には必ず参禅して、心力を練り玉へ。……汝が捜求の労つとめたりと雖《いえど》も其効なければ、今は早や外に向つて其跡を尋ねんより、内に反つて其人を見るに若《し》かざるべし」

大阪では勤務の傍ら、鉄舟の指示通り京都林丘寺《りんきゅうじ》の滴水禅師の許へ通っています。よほど心惹かれるものがあったのでしょう。明治二十年、得度《とくど》を受け出家するのです。未だ三十四歳の身でした。

その後愚庵は、京都清水産寧坂《きよみずさんねいざか》に独立の庵《いおり》を結びました。四畳半に二畳というまことに質素な草庵でしたが、人の勧めで若き日の正岡子規が訪ねて来ます。爾来、二人の交流は折々に続きました。

後進の友　正岡子規

明治三十年五月十八日付の子規宛書簡に、「園中の柿、秋になり候はゞ一筐《いっきょう》差上可申《もうすべし》と今より待居候事ニ候。緩々《ゆるゆる》御保養可被成候《なさるべくそうろう》」と書き送っています。おそらく子規は柿が好物なのを知っていたからでしょう。

子規はこれに応えて返信を認《したた》めました。「……うまき柿の木も御庭に有之候《これありそうろう》趣にて、此秋は御送被下《おおくりくだされ》候との事、待居申候。小生もそれ迄決して死申間敷《まじく》、柿の実は烏に落とさせぬやう、くれぐれも御願申上置候」との一節が見えます。

同年秋を迎えた頃、愚庵はかねての約束通り、「つりがね」と呼ばれる柿の実をもぎ取り、日本新聞社の桂湖村《かつらこそん》を通じて子規に贈っています。

これに対して、子規は未だ習熟していなかった和歌を敢《あ》えて詠んで返礼とします。

み仏にそなへし柿のあまりつらん我にぞたびし十あまり五つ
愚かちふ庵のあるじか吾にたびし柿のうまさの忘らえなくに

歌の傍らには、以上の連作が出来た経緯を、「御端書拝誦《おはがきはいしょう》、御歌いづれもおもしろく拝誦仕候。……俳諧歌とでも狂歌とでもいふべきもの二つ三つ出放題《でほうだい》にうなり出し候」と書き付けています。

子規が万葉ぶりの和歌に開眼する嚆矢《こうし》として、この「柿の歌」は広く知られていますが、愚庵に触発され、「うなり出し候」というほどの勢いでほとばしり出た歌だったのです。子規にとって愚庵との邂逅《かいこう》は実に鮮烈な体験だったと思われます。

この翌年、子規は和歌革新のための「歌よみに与ふる書」を日本新聞に発表、当時の歌壇に衝撃を与えたのは周知の通りです。その志の一端を子規は誰よりも先に愚庵に書き送っています。

「此頃歌をはじめ候処、余り急激なりとて陸翁（注・陸羯南《くがかつなん》のこと）はじめ皆々に叱られ候へども、やりかけたものなら死ぬる迄やる決心に御座候」と。

愚庵和尚がきっと見守っていて下さる。そう思えばこそ、子規は非難論難の矢《や》面《おもて》に立ってなおかつ和歌革新に邁進し得たのです。

辿り着いた独自の仏道

ところで、愚庵は明治二十六年九月からその年の十二月まで西国巡礼の旅に出ています。その道中日記には巡礼の折々に詠んだ歌が随所に出てきます。

例えば、第十三番石山寺の開山良弁《ろうべん》僧正が二歳の時に行方知れずとなるものの、三十年後に生母に巡り会うことが出来たという逸話を聞き、どうか自分にも父母と巡り会わせたまえと祈念して、

真幸《まさき》くて在《いま》せ父母御仏の恵みの末に
あはざらめやも

の一首を詠んでいます。
明治三十一年の作にこんな歌もあります。

　父母を夢に見て
愛子《まなご》我巡り逢へりと父母のその手を執れば夢はさめにき

また、日常のありふれた光景でも、そこに親子の情を見れば、たちどころに心は動きました。晩年に詠まれた「雛雀《ひなすずめ》」の連作は、まさに彼の絶唱です。

親鳥は何地《いづち》ゆきけむ雛雀ひねもす庭におり立ちてなく
親を恋ひ泣くか子雀ひさかたの雨にぬれつつ鳴乎子雀《なくか》
巣立して幾日か経たる親鳥のうせけむ物をあはれ子雀
立ちぬれて泣くな子雀我庵の軒端にやどれ雨のふらくに

子雀はこの降る雨に立ちぬれて親鳥呼ばふ声を限りに

親を求めて鳴く雛鳥《ひなどり》にみずからの運命を重ねる愚庵、筆者には慈悲そのものの境地と眼差《まなざ》しが感じられてなりません。そこには孝子愚庵が辿り着いた独自の仏道すらうかがうことができます。

彼は明治三十七年一月十七日に数え五十一歳で死去します。ついに宿願を果たし得ず逝《い》ってしまいましたが、こうもいえるのではないでしょうか。——胸に宿る父母と幼き妹の面影とともに此の世をまっとうしたのだ、と。

幸田露伴・文、父と娘の掃除道

掃除の稽古始まる

近年では便所掃除から児童生徒を外す学校が増えていると聞きます。そんな汚い作業を我が子にさせるなと親がねじ込むからだそうです。結果、高額な予算を組んで業者に委託する。世界に冠たる掃除教育の先進国日本の面目は見る影もなくなりつつあります。

そこで当欄では、学校や家庭における文化伝承の意味を考える上から、文豪幸田露伴《ろはん》とその娘の文《あや》との間に繰り広げられた掃除修養のドラマを紹介します。

文は五歳にして生母を亡くしました。父露伴の後妻は家事万般に無頓着《むとんちゃく》な方で、母子関係はぎくしゃくしたものだったといいます。これを見かねたのでしょう、露伴はある日突如として娘の躾《しつけ》に乗り出します。その時の印象を文はこう回想しています。

「掃いたり拭《ふ》いたりのしかたを私は父から習つた。……はつきりと本格的に掃除の稽古についたのは十四歳、女学校一年の夏休みである。……道具を持つて来なさいと云はれて、三本ある箒《はうき》の一番い、のにはたきを添へて持つて出る。見て、いやな顔をして、『これぢやあ掃除はできない。ま、しかたが無いから直すことからやれ』といふわけで、日向水《ひなたみず》をこしらへる。夏の日にそれがぬるむまでを、はたきの改造をやらされ、材料も道具もすべて父の部屋の物を使つた。……鋏《はさみ》を出して和紙の原稿反故《ほごき》を剪る、折る。……団子の串に鑢《やすり》をかけて竹釘にする、釣綸《いと》のきれはしらしい渋引の糸屑《いとくず》で締めて出来上り。さつきのはたきとは房の長さも軽さも違つてゐる。『どうしてだか使つて見ればすぐ会得する』と云はれた」

（幸田文『父・こんなこと』。以下同じ）

道具が少しでも破損したら買い換える当節の体《てい》たらくとは掃除に臨む覚悟が違います。時は大正半ばの頃です。

所作にも美学がある

こうして道具の準備が整い、いよいよ掃除にかかろうとすると、ちょっと待ったと父の声がかかります。

「何からやる気だと問はれて、はたきをかけますと云つたら言下《げんか》に、『それだから間違つてゐる』と、一撃のもとにはねつけられた。整頓が第一なのであつた。『その次には何をする。』考へたが、どうもはたくより外に無い。『何をはたく。』『障子をはたく。』『障子はまだまだ！』私はうろうろする。『わからないか、ごみは上から落ちる、仰向け仰向け。』やつと天井の煤《すす》に気がつく」

このように、まず掃除の際は全体を見渡すこと、どこに何があるのか、肝心の点を見逃してはならぬと目の付けどころを促すのです。思春期を迎えたばかりの娘は、父の叱咤《しった》にうろたえながらも、ああそうかと気づく。

露伴は掃除に向かう姿形を重んじた人でもあります。煤のついた箒を縁側ではたいた娘の粗忽《そこつ》を叱るばかりでなく、姿勢の見苦しさも戒めるのです。

「『煤の箒で縁側の横腹をなぐる定跡《じょうせき》は無い。さういふしぐさをしてゐる自分の姿を描いて見なさい、みつともない恰好《かっこう》だ。女はどんな時でも見よい方がいゝんだ。はたらいてゐる時に未熟な形をするやうなやつは、気どつたつて澄ましたつて見る人が見りや問題にやならん』と、右手に箒の首を摑《つか》み、左の掌《てのひら》でとんとんと当てゝ見せて、かうしろと云はれた」

箒で掃く、はたきを扱う、そうした所作にも美学があるのだぞと説くわけです。風呂のたきつけをこしらえる際も同様で、「薪割《まき》りをしてゐても女は美でなくてはいけない、目に爽《さわや》かでなくてはいけない」と口うるさく要求します。

もちろん実際に範を示すことも忘れません。箒の使い方も手にとって教え込むのです。文はその一々に頷《うなず》かざるを得ませんでした。こうして、父と娘のマン・ツゥ・マンの指導は続きます。

「意地悪親爺」の声が飛ぶ

ある時、文がはたきをぱたぱたと使い始めるや、またも「待つた」がかかる。

「はたきの房を短くしたのは何の為だ、軽いのは何の為だ。第一おまへの目はどこを見てゐる、埃《ほこり》はどこにある、はたきのどこが障子のどこへあたるのだ。それにあの音は何だ」

文は元来感情の強い子で反抗期の年頃、「意地悪親爺《おやじ》め」と内心憤怒《ふんぬ》の炎が燃え上がることもたびたびです。そんな表情を親爺殿は見逃さない。すかさず第二の矢が放たれるのです。「ふむ、おこつたな、できもしない癖におこるやつを慢《まん》心《しん》外《げ》道《どう》といふ」と。

　背中に突き刺さる残忍非情の父の言葉、それでも意地で踏ん張っていると、「おれがやって見せる」と乗り出してくることがあります。その所作を見ながら、やっぱりお父さんにはかなわないと思い知る。文いわく、「房のさきは的確に障子の桟《さん》に触れて、軽快なリズミカルな音を立てた。何十年も前にしたであらう習練は、さすがであつた」

　こうした繰り返しが続き、ひとまず掃き掃除は「休講」となります。文は「子供心に大した稽古であつた」と悟り、箒と平行に座って、「ありがたう

ございました」と礼儀をとります。すると「よーし」と応じてくれたので、立ち上がって部屋を出ようとする。

その一瞬のことでした。「あとみよそわか」と謎の如き言葉を浴びせられたのです。振り返ると、「もうい、と思つてからももう一度よく、呪文をとなへて見るんだ」との仰せ、ことほど左様に娘は父に圧倒され続けるのです。

ちなみに、「あとみよ」とは掃除の跡を確かめよ、「そわか」は仏教用語で「功徳《くどく》あれ」の意味。要するに、立つ鳥跡を濁《にご》さずという露伴流の教えでした。爾来《じらい》、文は口ずさんで自戒とします。

「水は恐ろしい」

掃除の深遠さを思い知るのは水を扱った時です。父から「水は恐ろしいものだから、根性のぬるいやつには水は使へない。……い、か、はじまるぞ、水はきついぞ」と脅されて稽古が再開します。

水が恐ろしいとは異《い》なことをいうと訝《いぶか》りつつ、水に入れた雑巾《ぞうきん》を絞り上げて身を起こした途端、「見えた」と大音声が飛ぶ。父の指さす先には水玉の模様が遠くまではね散っていました。「だから水は恐ろしいとあんなに云つてやつてゐるのに、おまへは恐れるといふことをしなかつた」

右往左往する娘を前に父はさらに説きます。「水のやうな拡がる性質のものは、すべて小取《こど》りまはしに扱ふ。おまけにバケツは底がせばまつて口が開いてゐるから、指と雑巾は水をくるむ気持で扱ひなさい」

もはや言い返すべき言葉もありません。まさに指摘された通りなのです。雑巾がけも父は実際にやってみせた。その立ち居振る舞いに文はすっかり見惚れました。

「白い指はや、短く、づんぐりしてゐたが、鮮《あざや》かな神経が漲《みなぎ》つてゐ、少しも畳の縁《へり》に触れること無しに細い戸道《とみち》障子道をすうつと走つて、柱に届く紙一ト重の手前をぐつと止る。その力は、硬い爪の下に薄くれなゐの血の流れを見せる。規則正しく前後に移行して行く運動にはリズムがあつて整然としてゐ、ひらいて突いた膝ときちんとあはせて起《た》てた踵《かかと》は上半身を自由にし、ふとつた胴体の癖に軽快なこなしであつた」

身じろぎもせず見入っている表情が目に浮かびます。おそらく十分程度の時間だったことでしょう。しかし、そこに繰り広げられる雑巾がけは、この娘にとってさながら芸術の神髄《しんずい》を見せられる思いだったに違いありません。

父という「絶対」の存在

さらに水の稽古を通して文は意外な事実を知る。それは、「雑巾を搾《しぼ》る、搾ったその手をいかに扱ふか、……拭きにかゝるまでの間の濡れ手をいかに処理するか、私は全然意識なくやつてゐた」という点でした。

文は、父から「偉大なる水に対《むか》つて無意識などといふ時間があつてい、ものか」と雷を落とされてハッとして気づくのです。

「云はれてみれば、わが所作はまさに傍若無人《ぼうじゃくぶじん》なものであつた。搾る途端に手を振る、水のたれる手のまゝに雑巾を拡げつゝ歩み出す、雫《しずく》は意外な処にまで及んで斑点を残すのである。更に驚くべきことには、さうして残された斑点を見ぐるしいとも恥かしいとも、てんで気にさへならず見過してゐたことである」

稽古は十八になるまで続きました。叱られてシュンとでもすれば、なお容赦《ようしゃ》ないのが露伴の流儀です。「いま消えてしまひたいその心は今捨て去つて、今また新たに勇猛一転しなくてはならない。造次顚沛《ぞうじてんぱい》、前進々々」、これが父に立ち向かう文の覚悟と姿勢でした。

「造次顚沛」とは『論語』にある言葉で、躓《つまず》こうと咄嗟《とっさ》の場合であろうと仁から決して離れない意。文もその気概に肖《あやか》って父の指導に食らいついていったのです。たかが掃除というなかれ。人はこのようにして掃除の極意を、ひいては日本文化の神髄を体得するものなのです。絶対的権威を以《もっ》て臨んだ露伴の内奥《ないおう》に息づく限りない情愛も伝わってきます。彼女はこう回顧しています。

「父が死んでゐなくなつてしまつてから、『絶対』は更になほも絶対になつてしまつた。そして、もはや目に見耳に聞くことのできぬ『絶対』を恋うて、はじめて涙をこぼしてゐる」

父を思う文の愛惜《あいせき》の念、胸に迫ってなりません。

第四章

我が師の恩

伊藤仁斎の私塾「古義堂」が結んだ師弟の絆

回想――「大観塾」創設の頃

学問とは何かと問われれば、筆者にとっては師との出会いであり、その教えを指します。

そのお一人、近世儒学研究の世界的権威であられた岡田武彦先生との御縁は大学の在学時に遡《さかのぼ》ります。

昭和四十七年春のこと、初めて先生の講義を聴講することになりました。題目は「東洋思想」というもので、開口一番、黒板に「読書尚友《しょうゆう》は君子の事なり」と書かれた先生は、我々学生に向かってこう語りかけられたのです。

これは吉田松陰の「士規《しき》七則《しちそく》」にある言葉で、「尚友」とは古きを友とするの意、この松陰の言葉に肖《あやか》って東洋の心を友とする学問を君達と学ぼうと思う、と。

筆者は一番前列の真ん中の席に座っていましたが、向こう一年の間、この席を我が「定席」として決して他に譲りはしませんでした。これが「学問」というものなのかと、すっかり先生の講義に魅せられたものです。

その頃は学生運動の余塵《よじん》もくすぶっていた時期です。学問とは何か、もっと根本的に考える機会を設けたいとする思い抑え難く、先生に顧問をお願いし、古典輪読の学内団体「尚友会」を発足。のち「信和会」と改称し、左傾化する学内の正常化にも取り組むことになったのです。

次いでこんなことをお願いしました。会の研究活動も軌道に乗った頃、松下村塾にならって修養の場を設けるべく共同生活を始めることにしたのです。

そこで先生に塾名を請《こ》うたところ、古典に学ぶということは狭量《きょうりょう》であってはならない、広く天下を観る力をこそ養うべしと説かれ、「大観塾」なる塾名を付けて下さいました。爾来《じらい》、およそ十年近く有志学生による塾生活が続くことになります。

そこで本稿では、こうした学びの伝統的な基盤である近世私塾が、どんな教育機能を果たしたのかを取り上げてみます。

近世私塾の勃興

まず、近世私塾の特色を概観《がいかん》しておきましょう。

江戸時代に成立した私塾は、文部省編『日本教育史資料』によれば、およそ千三百校です。急速に増加したのは寛政年間（一七八九〜一八〇〇年）の頃からで、これは寺子屋の普及と同時期である点が注目されます。武士階級に限らず、当時、澎湃《ほうはい》として湧き上がったエネルギッシュな教育欲求の表れと見てよいでしょう。

海原徹氏の『近世私塾の研究』によれば、天保年間（一八三〇〜一八四三年）の寺子屋開設は千九百八十四校で年平均百四十一・七校、同時期の私塾の場合は二百十九校で年平均十五・六校、いずれも前代の二倍から三倍近い増設でした。

私塾は藩校と違って原則身分差を越えて門戸を開放しました。また、教育対象が藩の枠を越えていた点も見逃せません。向学心に燃える若者が全国津々浦々から師を求めて遊学に旅立つ。その受け入れ先が私塾でした。

では、以上の近世私塾が如何《いか》なる感化力を発揮したのか、儒学者伊藤仁斎《じんさい》が寛文二（一六六二）年頃に京都堀川に開塾した古義堂《こぎどう》の事例を紹介します。

門人はおよそ三千人を数え、明治三十八年迄《まで》存続したといいますから、まさに私塾の雄《ゆう》といってよいでしょう。公家や武士だけではなく農民も町人も学んでいます。

面白いことに『論語』の講義には酒や御馳走《ごちそう》が出ることもしばしばだったといいます。それはいったいなぜで

しょうか。

当時は、道楽の限りを尽くす裕福な商人も多く出現した頃です。その彼らが仁斎先生のところへ行けば、もっと極上の楽しみを堪能《たんのう》出来ることを知ったのです。それは人生の意味を知る学問を教示して貰《もら》えることでした。彼らにとってそれは、ありとあらゆる道楽以上の歓《よろこ》びがあるという初めての体験だったのです。ですから、嬉《うれ》しくて酒を酌《く》み交わすこともあれば、遠方から千里を遠しとせず学びにやって来たわけです。

古義堂と菅谷太次兵衛

ここでは、そこまで人々を惹きつける古義堂に学んだ一人の農民学徒の例を挙げてみましょう。以下は、仁斎の筆になる『日札《にっさつ》』に書き留められた地方門人の略伝《りゃくでん》です。

時は十七世紀後半の頃です。三河国八名郡《みかわのくにやな》島原村に菅谷太次兵衛《たじべえ》なる好学の農民が住んでいて、近隣の老儒《ろうじゅ》夏目七左衛門から朱子学の教えを受けていました。

その後菅谷は縁あって仁斎の古義堂に学びます。その菅谷が帰国する際のこと、仁斎はみずから著した「堯舜《ぎょうしゅん》既に歿《ぼっ》して邪説暴行又作《おこ》る」と題する一篇を彼への餞《はなむけ》とすべく、長男の東涯に読ませます。

傍《かたわ》らで神妙に聴き入っていた菅谷は、東涯が読み終わるや、こんな感想を述べたというのです。

「人倫に害し、日用に遠く、天下国家の治に益無きは、皆之を邪説と謂《い》ひ、皆之を暴行と謂ふは、是れ一篇の警策《けいさく》なり」

そもそも仁斎は朱子学の思弁的言説を、『孟子』由来の「邪説暴行」なる言葉で批判した人です。その仁斎の説くところを菅谷は次のように理解したのです。「邪説暴行」というのは、人の道に外れ生活から遊離し、ひいては天下に益無き空理空論をなす者への頂門《ちょうもん》の一針《いっしん》ともいうべき言葉です。これはまさに坐禅に用いる覚醒《かくせい》の警策にも等しいと私は思う。菅谷はそう応じたのです。

仁斎は菅谷のこの応答にすっかり感心しました。いわく「予は愕然《がくぜん》として、甚《はなは》だ其の聡悟《そうご》（深い理解力）に服す。此の篇、人多く伝播《でんぱ》するも、能《よ》く其の肯綮《こうけい》（物事の急所）を得る者は菅谷氏一人のみ。彼は真体実践す」と。

「真体実践」という言葉に注目して頂きたい。農業に生き地域に暮らす日用を離れることなく物学びの道を行くからこそ、ここまでの洞察力を得られたのだと仁斎は感服し、その生き方を指して「真体実践」と呼んだのです。

「某誤てり」

では、一地方農民がここまでの学問を積み得た消息はどのようなものだったのでしょうか。仁斎みずから『日札』に記しています。

菅谷が住む島原村の農民は開墾耕作に明け暮れる日々で、聖賢の書を読む機会などまずありませんでした。

そんな環境のもとで学問に励む菅谷と夏目は、みずからの学問に執着するあまり他を排斥する態度が露《あら》わで、村人を感化するどころか、むしろ遠ざけてしまう状況にあったといいます。

ところが、時は延宝九（一六八一）年の春、菅谷は思い立って伊藤仁斎の古義堂に入門、半年に及んで仁斎の講義を聴講し、愁眉《しゅうび》を開きます。いったんは帰郷するものの、夏目を伴い再び上京。その夏目も仁斎の謦咳《けいがい》に接するや旧学の過ちを悟り、手を打っては「某誤《われあやま》てり、某誤てり」と嘆じたといいます。これまでの学問が「邪説暴行」の類にすぎなかったことに気づいたからでしょう。

彼らはそれほど仁斎の学問に感化され、しだいに穏やかな人柄へと成熟し、郷土との親和を深めてゆく。ここに至って、村人は仁斎先生の学問の威力に驚嘆《きょうたん》し、自分たちもその教えに学び始めるのです。

こうして島原村は好学の地に一変、各農家では『論語』や『孟子』を愛読する美風が定着したと伝えられています。仁斎は、「家に聖経《せいきょう》を蓄へ、人は孔孟を誦《しょう》す。また一奇事なり」と讃えています。以後この村里から古義堂への入門が続出するまでになります。

生涯学習社会というのは今に始まったのではありません。近世から近代へと社会システムが一大転換しても滅びず、地方にはこのような傑出《けっしゅつ》した文化が根を張り枝を伸ばして息づいていたのです。

我々が失いつつあるのは、こうした学問や教育が持つ感化力ではありませんか。仁斎の著作を拾い読みしながら、そんな思いに駆られてなりません。

秋田からやって来た篤学者

もう一人紹介しておきます。秋田の人で木村信甫《のぶすけ》という聴覚障碍《しょうがい》者のことです。どのような経緯ではるばる京都まで遊学したのかは定かではありません。しかし、障碍がある身でありながらも、東北の奥地から仁斎の学問を慕ってやって来た篤学《とくがく》の人でした。

こういう人がいたのが江戸という時代の奥深さです。学問というものが生きていた。そして、そういう篤学の人を迎え入れる度量が私塾にはあったのです。

さて、貞享四（一六八七）年七月のこと、六十一歳の仁斎は「送木村信甫帰羽州序」の中で学業を終えて帰郷する木村に対し、次のような一文を贈っています。

「其の聡にして了ならざると、聾《ろう》にして了了開明なるといづれぞ。吾知る、子《い》も
し聾せずんば其の学未だ必ずしも此に至らず、と。行け、子安《やす》んじて且つ楽しめ、
一聾の故を以て心の累《るい》と為すこと勿《なか》れ」

耳は正常ながらも一知半解の者と、耳が不自由であっても深い理解力のある者がいるとして、信甫はいずれであるか。私はよく承知している。そなたは身に障碍があるがゆえに、よくぞここまで刻苦勉励《こっくべんれい》し得たのだ。その逆境がなかったら、むしろ学問は達成出来なかったろう。

信甫よ、前途に向かって力強く進め。どうか心安んじて人生を味わい、障碍ごときに跼蹐《きょくせき》することなかれ――そんな愛情溢《あふ》れる激励の言葉です。

人の間に差別を制度的に設けた時代として酷評されてきた封建社会にあって、これほどの人間的関係を結んだのが私塾の真骨頂《しんこっちょう》だったのです。

希代の教育者・中江藤樹の学問とその系譜

帰郷──脱藩して母のもとへ

かつて愛媛県大洲《おおず》市を訪れ、小学校を見学したことがあります。その折に驚いたのは、どの教室にも江戸初期の思想家中江藤樹《なかえとうじゅ》の肖像画が掲げられていたことでした。印象深い思い出です。

今も折に触れて四十一歳でこの世を去った、藤樹の人生に思いを巡らすことがあります。とりわけ、彼の教師としての天与の資質についてです。本欄ではその点に絞って紹介します。

中江藤樹は、慶長十三（一六〇八）年に近江《おうみ》国の小川村（滋賀県高島市安曇川《あどがわ》町）に誕生しました。九歳の時、米子《よなご》藩加藤家に仕えていた祖父吉長のたっての懇願で養子となります。

米子での生活は一年ほどでした。加藤家が伊予《いよ》国大洲（愛媛県大洲市）へ転封《てんぽう》となったため、祖父とともに移住します。藤樹が大洲藩に出仕したのは十五歳、十九歳になると郡奉行《こおりぶぎょう》の要職に就き、翌年からは早くも藩士たちが教えを乞《こ》い始めたといいます。

ところが祖父母も父も亡くなり、一人近江に暮らす母を思う気持ちが募り、藩当局に辞職を願い出ますが、藩主はこの逸材を惜しみ、許可しませんでした。

そこで彼は脱藩して帰郷、その後は母を養いながら、藤樹書院と呼ばれる私塾を主宰し、熊沢蕃山《ばんざん》など多くの人材を育てました。

十一歳の開眼

藤樹という人は、いったいどのようにして学問に開眼《かいげん》したのか、まずその点に言及しておきます。

そもそも藤樹が生きた十七世紀前半は学問の風土などまったくなかった時代で

す。ですから独力で学ぶほかなかったのです。

そうした環境にあって彼が学問とは何かを悟るのは十一歳の時でした。その逸話が『藤樹先生行状』に記されています。内村鑑三が『代表的日本人』の中で分かりやすく口語訳しています。

「藤樹は早くから、鋭敏《えいびん》まれなものをみせていました。十一歳のときに早くも孔子の『大学』によって、将来の全生涯をきめる大志を立てました。『大学』には、次のように書かれていました。天子から庶民にいたるまで、人の第一の目的とすべきは生活を正すことにある。藤樹はこれを読んで叫びました。『このような本があるとは。天に感謝する』『聖人たらんとして成りえないことがあろうか！』藤樹は泣きました。このときの感動を藤樹は一生忘れませんでした」

十一歳といえば、人の一生のうちで才能や感受性が溢《あふ》れ出る第一期の頃です。その初々《ういうい》しい少年の心に、なにゆえ人は学ぶのか、それは「生活を正すことにある」のだと、『大学』は教えたのです。

後年、藤樹はこの少年期の感動をさらに深く確信して『大学解』に書き留めています。

「天子・諸侯・卿《けい》大夫・士・庶人五等ノ位尊卑大小アリトイヘドモ、其身ニ於《おい》テハ毫髪《ごうはつ》モ差別ナシ。此身同キトキハ学術モ亦《また》異ルコトナシ。位ハ譬《たとえ》バ大海江河溝《こう》洫《きょく》ノ如《ごと》シ、身ハタトヘバ水ノ如シ。……天下ノ万事ハ皆末ナリ。明徳ハ其大本ナリ」

身分や地位がどのように異なろうとも、学問の上ではいっさいの差別はない。海や河、小川などの違いがあっても、そこに浮かぶのは同じ水ではないか。ひとえに「明徳」を磨き抜くことこそ学問の真骨頂なのだ。この注解が少年期の感動の到達点であり、藤樹が育てた学問観にほかなりません。

畢生の教科書『捷径医筌』

ところで、『藤樹先生全集』全五巻の中に異彩を放つ一巻があります。それは『捷径医筌《しょうけいいせん》』と題された医学の入門書です。目次を見ると、本草学、婦人科、幼科、内科、外科に分類、六百頁《ページ》の全文が漢文で記述されていて壮観の一語に尽きます。

実はこの入門書は一人の門人のために悪戦苦闘して執筆した教科書なのです。その消息を以下に明らかにしてみましょう。

近江に帰郷した藤樹のもとに、突然大野了佐《りょうさ》という若者が訪ねてきます。了佐は大洲藩の支藩である新谷《にいや》藩の藩士大野勝介の次男でしたが、武士になるには能力が劣り、出仕《しゅっし》はかないません。そこで医者を志し、藤樹から医学の手ほどきを受けていました。

しかし、意欲はかうにしてもその知力たるやあまりに低かったのです。『藤樹先生年譜』によればこんな有り様でした。

「先生、ソノ志ヲ憫《あわれみ》テ、授テ『大成論』ヲヨマシム。先ニ三句ヲ教ルコト二百遍バカリ、已ヨリ申ニ及デ漸《ようや》ク記ス。食ニ退ツテ后、コレヲ読ニ皆忘了ル。又来テコレヲ習コト百余遍ニシテ、始記得ス。コレヨリ以后、日ニ来テ習フコト年ヲフ」

了佐に読ませた『大成論』とは元代の医学書で『医方大成論』といいます。これをテキストに教えるのですが、わずか二、三句程度にもかかわらず、午前十時から午後四時まで、二百遍も繰り返さなければ覚えてくれないのです。ところが食事後に復習してみると、すっかり忘れ去っている。こんな繰り返しを百回ぐらい続けてようやく頭に入る。そんな状況でした。

その了佐が藤樹を慕って再び教えを乞いにはるばるやって来たのです。思い悩んだ末、藤樹は了佐にふさわしい医学入門書をつくるしかないと決意、厖大《ぼうだい》な医学文献を読み込み、独自の教科書『捷径医筌』をつくり上げていくのです。

医師となった大野了佐

たった一人のためにここまで根を詰めて教科書を編纂《へんさん》した教師は古今を通じていないでしょう。先生、先生と慕ってくる教え子を前にして、正面から応ずることこそ我が学問である、なんとかしてみよう。そういう思いが沸々とたぎったに違いありません。

もちろん、『捷径医筌』を了佐がすらすらと理解したわけはないでしょう。なにぶん大部《たいぶ》の教科書です。藤樹の苦労は依然続いたはずです。年譜には藤樹が洩《も》らした言葉が記さ

れています。「我、了佐ニ於テ幾《ほとん》ド精根ヲ尽〻ス」と。

では、こうした教育は実を結んだのでしょうか。藤樹の教えを受けた後、帰郷した了佐は母の実家尾関家の養子に入ります。名前も尾関友庵と改称し、大洲の近くの宇和島でなんと医師を開業していたのです。

それだけではありません。大野家を継いだ弟嘉次の三男小三郎という甥《おい》を医師として見事に育てています。その時の様子を伝える資料は不明ですが、小三郎に医学を教える際、その机上にはきっと恩師直筆の『捷径医筌』が置かれていたことでしょう。

このように、一人の志が時空を超えて人々の心に灯《あか》りを点じ、この国の津々浦々に確かな感化をもたらす。そうした教育の営みに筆者はあらためて深い畏敬《いけい》の念を覚えてなりません。

越後開拓民を支えたもの

もう一例紹介しておきます。藤樹死後およそ百年を経過した宝暦の頃です。新潟県の越後平野は今でこそ有数の穀倉地帯ですが、江戸中期までは湿原と泥土に埋め尽くされた不毛の地域でした。

そこで、享保十五（一七三〇）年に新発田《しばた》藩は入植者を募り、干拓に取りかかります。しかし、その苦労は並大抵ではありませんでした。入植者は見ず知らず同士でしたから、お互いの交流は薄かったといいます。

それでも自然の暴威《ぼうい》と闘ううちに、しだいに開拓民同士の協力を求めて会合を開くようになりました。長兵衛という開拓民が書き残した『江戸雑用仕揚割賦帳《しあげかっぷちょう》』によると、夜ごとの集会は仕事の段取りのみならず、地理学や天文学をはじめ様々な学問を学び合う場に発展したというのです。

その勉学の教科書に中江藤樹の著作が用いられていたのです。長兵衛は日記にこう記しています。

「宝暦九卯年四月十一日、漢学。輪読を主となし、中江藤樹先生御訓を教授され、自習す。痛く感泣《かんきゅう》。次試業に於て、会読せん。曰く。天子、諸侯、卿太夫、士、庶人五等ノ位、尊卑大小ありといへども、其身《そのみ》に於ては、毫髪《ごうはつ》も差別なし。此身同きときは、学術も亦異ることとなし。位は譬《たと》へば大海江河溝洫の如し、身はたとへば水の如し。天下の万事は皆末なり。明徳は其大本なり」

感動のあまり藤樹の文を抜き出して日記に認《したた》めています。これは前述した『大学解』の一節にほかなりません。藤樹亡き後百年の歳月が流れていたにもかかわらず、藤樹の教えに触れて開拓民は「痛く感泣」するのです。

絶望的な貧苦にあえぎながら農地開拓に傾注するよるべなき民にとって、「尊卑大小ありといへども、其身に於ては、毫髪も差別なし。……天下の万事は皆末なり。明徳は其大本なり」と説く藤樹の教えは、どんなにありがたく胸に迫ったことでしょう。

荒野に生きる自分たちが指針とすべき珠玉《しゅぎょく》の言葉がここにある。そんな感奮が「次試業に於て、会読せん」との決意を生み出したものと思われます。

このように、藤樹の学統は大野了佐や越後開拓民の事例に見る通り、実生活に苦吟《くぎん》しつつもみずからの人生を正そうと願う者の内心に継がれていったのです。

筆者は、そこに教育という貴い営みの神髄を見る者の一人です。

日本的情緒を育てる道
——数学者・岡潔先生の面影

世界に知られた孤高の数学者

かつて昭和の時代、奈良に偉大な数学者が住んでいました。奈良女子大学の数学の先生で岡潔《おかきよし》という方です。

先生の生涯の研究テーマは多変数函数論《かんすうろん》というもので、この分野の重要な課題をほぼ独力で解決し、世界の数学界に多大の貢献を果たした日本人です。その不朽の功績に対して、昭和三十五年には文化勲章が授与されています。

一方で先生は、『春宵《しゅんしょう》十話』を発表以来、数多くの随筆を書き残しました。とりわけ晩年は、戦後日本人の精神的な衰退に警鐘《けいしょう》を乱打され、日本人の覚醒《かくせい》を促す憂国の人としても知られています。

今や日本人として生きる指針を見失い、漂流を続ける日本の現状を見るにつけ、先生が説かれた珠玉の言葉の数々が思い出されてなりません。

そこで今回は、波瀾《はらん》の昭和史を生きた、日本が世界に誇る数学者の面影を紹介します。

岡先生は明治三十四年、大阪市に生まれました。旧制の第三高等学校を経て京都帝国大学理学部を卒業し、母校の講師となります。

昭和四年にはフランスへ留学、帰国後は一時期、広島文理大学に助教授として勤務。この頃から日本文化への関心が強まり、数学研究の傍ら道元の『正法眼蔵《しょうぼうげんぞう》』などに親しみ始めたといいます。

しかし、広島での教師生活は長く続きませんでした。先生は研究に没頭するため、郷里に引き揚げるのです。当然収入は乏しく、生活は苦しいものでした。

そこで、見かねた親友の中谷宇吉郎氏が先生を北海道大学の嘱託《しょくたく》として招聘《しょうへい》してくれたので、しばらく北海道の地で過ごすことになります。この時でした。先生は数学上の重要な発見をするのです。

春が来て花が咲く学問

どんな発見だったのか、門外漢の筆者には説明することは不可能ですが、その経緯というのが実に面白いのです。

先生は数学という学問は紙と鉛筆があればいいというのが口癖でした。ですから、机に紙と鉛筆を用意して沈思黙考《ちんしもっこう》するのですが、知り合いが訪ねると、いつも寝ている。それで嗜眠性脳炎《しみんせいのうえん》という渾名《あだな》をつけられたそうです。この時に一大発見に至るのです。

後年、先生と文芸評論家小林秀雄さんとの対談が行われた時、小林さんがこのエピソードに興味を示して、その発見の瞬間はどんな心持ちでしたかと訊《たず》ねました。

すると先生はこう応じたといいます。いわく「ちょうど唐紙《からかみ》がずらっと並んでいて、その唐紙がさらさらさらさらと開け放たれていくような感じでしたよ」と。

いかにも先生らしい表現です。その体験談は不思議な魅力を門外漢の私たちにも感じさせます。初の随筆集として話題をさらった『春宵十話』にはこんなことが書かれています。

「数学に最も近いのは百姓だといえる。種子をまいて育てるのが仕事で、そのオリジナリティは『ないもの』から『あるもの』を作ることにある。数学者は種子を選べば、あとは大きくなるのを見ているだけのことで、大きくなる力はむしろ種子のほうにある」

こういう考えの先生ですから、その学問観も独特です。概略こんなことをいわれています。

この頃の数学はどうも満目荒涼《まんもくこうりょう》たるところを行く感じがしないでもない。どうにかして、春が来て花が咲くような数学が出来ないものかと思ったというのです。

そこで、パリ留学中に出合った数学上の難題に取り組んでみたら、出来上がった論文はたしかに春が来て花が咲いたような感じのものになったといいます。

プラスの日マイナスの日

ところで、孤高の数学者として知られる先生ですが、その日常生活における振る舞いには抱腹絶倒《ほうふくぜっとう》の逸話も数多く残されています。

作家の藤本義一氏が若い頃、先生の自宅に頻繁《ひんぱん》に出入りして取材をしたことがありますす。その時のことです。先生は長靴を愛用されていて、いつも冷蔵庫に入れているのだそうです。蒸し暑い時はひんやりとして心地よいからです。

また、先生にはプラスの日とマイナスの日があって、マイナスの日は機嫌が悪く取り付く島もない状態だったといいます。

ある時、地元の学校でＰＴＡの講演会があり、講師を頼まれました。ところが、運の悪いことに当日がマイナスの日に当たってしまったのです。

係の者が車で迎えに来たので、冷蔵庫から例の長靴を取り出し、それを履いて先生は会場までは行きました。

ところが壇上に上がるや、マイクに向かって「あ、あ、あ、……本日は晴天なり」と二度繰り返した後、壇上を降りてすたすたと帰って行ったのだそうです。

聴衆は唖然《あぜん》として声も出ない。先生の付き添いで来ていた藤本氏が慌《あわ》てて事情を説明すると、担当者から講演の穴をあなたが埋めてほしいと懇願《こんがん》され、急遽《きゅうきょ》代役を務める羽目になったといいます。

実は文化勲章受章に際しても国の役人は受けてもらえるかどうか心配で、当時先生が勤務していた奈良女子大学の落合太郎学長に相談したそうです。落合学長によれば、今なら研究が一段落しているところだから好機だとの返事でした。おそらくプラスの日だったに違いありません。

かくて先生は、無事勲章を受けて下さった。役人は胸を撫《な》で下ろしたことでしょう。

「情に照らせば分かる」

岡先生は、なつかしさの感情が日本民族にとっていかに大切なものか、心魂を込めて説いてやまなかった方でもあります。ある時はこんなふうにいわれました。

「ともになつかしむことのできる共通のいにしえを持つという強い心のつながりによって、たがいに結ばれているくには、しあわせだと思いませんか」

（『春宵十話』）

この「なつかしさ」については、印象深い思い出があります。時は昭和四十七年、筆者が大学一年生の時です。博多で開かれていた市民大学講座に岡潔先生がお見えになり、特別講演をされたのです。

登壇された先生の白髪痩躯《はくはつそうく》の姿を目の当たりにして息を呑《の》みました。隆々《りゅうりゅう》とした白い眉も印象に焼き付いています。

椅子にお座りになって講演を始められると、何やらポケットから出される。一本の煙草《たばこ》でした。これを両手でいじりながら話が進む。机の上には中身がこぼれ落ち、先生は時々それを手のひらで掬《すく》われるのです。

演題は「日本人と『情』」というもので、日本的情緒の恢復《かいふく》を語った珠玉の講演でした。まず、自分とは何かが分からなければ何事も始まらないと先生はおっしゃる。そして、こう断言されたのです。

「日本人は情を自分だと思っている民族です。だから、どんなに知的に納得しても、情が納得しなければ本当には納得しないのです。いいこともいけないことも、情に照らせば分かる。これが日本人の道徳です」

こんなことを聞いたのは勿論《もちろん》初めてです。偉大な数学者が知ではなく「情」が大切だというのですから、びっくりしま

した。それだけに、この時の印象は今も鮮やかに胸に刻まれています。

「日本の古典をお読みなさい」

独特の淡々とした口調で、いよいよ話は佳境《かきょう》に入る。人には表層意識と深層意識の二つがあり、日本人は本来、深層意識が基調となっていたはずだが、今は表層意識が中心になってしまったとの指摘でした。

先生によれば、「なつかしい」という感情は深層意識から生まれたものだそうです。たしかに西洋人も「なつかしい」とはいうが、すぎた昔がなつかしいという意味で使うにすぎません。しかし、日本人は違うのだといって、次のような例を挙げられたのです。

「たとえば芭蕉に、秋深し隣は何をする人ぞ、という句があります。あれは隣の人を知らないから、なおさらなつかしい、そういうふうに使っているのです。ところが今、この日本人本来のなつかしさの感情が衰えてしまったのではありませんか」

旅先で襖《ふすま》一枚隔《へだ》てた見ず知らずの他人、そこに寂寥感《せきりょうかん》を覚えるのかと思えばさにあらず、むしろなつかしさを感じるのだとおっしゃるから、またまた驚きでした。

実はこの時、筆者は少し考え込まざるを得ませんでした。先生が強調される、「なつかしさ」の感情を捨て去るような少年期を送って来ていたからです。

小中学校時代、父の仕事の関係でほぼ一年に一校ずつ、西日本各地を転校しましたから、なつかしさのもとともいえる故郷は筆者にはありませんでした。

そこで、質疑応答の時間に思い切って手を挙げ、どうしたらなつかしい感情が磨けるのか、質問に及んだのです。先生は言下にこう応じられました。

「君にもなつかしさを育てる道はあります。日本の古典があるでしょう。その古典が君のふるさとです。古典をお読みなさい。そうすればきっと、なつかしさとはどういうものか分かります」

当時は二月半ば、まだ底冷えのする日でしたが、帰りの電車の中で「よし、日本の古典を読もう」と密かに決意したことを思い出します。

昭和五十三年三月に先生が亡くなられてはや三十四年。日本的情緒を失ったら日本は滅びるしかない。そう訴え続けた先生の肉声がどこからともなく聞こえて来る昨今です。

仰げば尊し——小林秀雄先生の「個人授業」

なぜ歴史教師になったのか

筆者は、二〇一〇年三月末に高校を定年退職し、現在は大学に勤務しています。高校教師になりたての一時期国語を教えたことがありますが、その後は一貫して歴史教師として歩んできました。目下、大学では歴史学と教育学関係の講義を担当しています。

駆け出しの頃から密《ひそ》かに志したのは、国語と歴史と倫理を三位一体と化した授業でした。先人の豊饒《ほうじょう》な文化遺産を眼光紙背《がんこうしはい》に徹する国語力を身につけて読み解き、ひいてはこの世を生きる意味を学びとる。今もこの姿勢に変わりはありません。

では、なぜ歴史の教師になったのか、その経緯は学生時代に遡《さかのぼ》ります。当時何をしていたのか。実は『小林秀雄全集』を愛読していたのです。大学では経営学を専攻したにもかかわらず、歴史教師の道に進んだのも小林秀雄先生との御縁にほかなりません。

そこで今回は、人はいかなる縁を得て人生に向かうものなのか、若き日の私事を披露《ひろう》してみようと思います。学生の頃から「小林さん」と言い慣《なら》わしていますので、ここでは敬意と親しみを込めてそう呼ぶことにします。

まず小林さんとはどういう人なのでしょうか。手許の電子辞書版日本国語大辞典を引くと、「文芸評論家。東京出身。東京帝国大学仏文科卒。芸術派の理論家として鋭い知性、感受性と独自の文体で創造批評を確立し、昭和の文壇に大きな影響を与える。日本芸術院会員。文化勲章受章。著作に『文芸評論』『無常という事』『ドストエフスキイの生活』『モオツァルト』『ゴッホの手紙』など。明治三十五〜昭和五十八年」と記されています。

この記述は小林さんの畢生《ひっせい》の大業『本居宣長』が抜けている点で不備ではある

ものの、これが一般的な解説といってよいでしょう。

掻《か》い摘《つま》んでいえば、言葉と歴史を探究し続けた批評家であり、ついには日本人の精神の営みを甦《よみがえ》らせた、千年に一人とも称し得る思想家です。

晩秋の延岡での出来事

筆者が初めて小林さんの謦咳《けいがい》に接したのは、昭和四十八年十一月八日のことでした。

文藝春秋社主催の文化講演会が宮崎県延岡市で開かれることとなり、講師として中村光夫や水上勉、那須良輔の三氏とともに小林さんがやって来るという情報を友人が仕入れてきたのです。ちょうど大学三年の時です。

演題は「文藝雑感」というありふれたものでしたが、舞台の袖から小林さんが現れると、文字通り釘づけになってしまいました。一番前列の真ん中の席に座っていた筆者には小林さんの眼が印象深く残っています。人生のいっさいを見尽くした達人の眼差《まなざ》しとはこういうものかと感じ入ったものです。

講演の中身はこの頃連載中の本居宣長を中心としたもので、岡潔の学問や梅原龍三郎、中川一政などの芸の妙味にも言及。一時間は瞬《また》く間にすぎました。

講演が終了したのは夜の九時すぎ、筆者は講演担当者に小林さんの宿泊先を密かに聞き出し、現地で落ち合った友人を誘ってホテルに向かうことにしたのです。小林さんに何としても伺いたいことがあったからです。

ホテルに着いてみると小林さん一行は戻ってはいません。何でも延岡名物の鮎《あゆ》を肴《さかな》に一杯やっているのだそうです。一時間半ほど待った頃でした。玄関前に数台の車が横付けされ、名士の一群がどっと入ってきました。

小柄ながら風格のある小林さんは一目で分かります。よし、今しかない、そう思うや中に割って入り、小林さんの行く手を遮《さえぎ》ったのです。周囲は何事かと立ち止まりました。まごまごしてはいられない。蛮勇《ばんゆう》を奮い起こしてこう切り出したのです。

「先生、非礼であることは承知の上ですが、どうしても質問したいことがあって、お待ちしておりました」と。

一蹴《いっしゅう》されると思いきや、小林さんは筆者の顔をじっと見つめられる。そして、「いいえ、構いませんよ。何でしょうか」と応じられたのです。

疲れているから御免蒙《ごめんこうむ》るよといわれて当然にもかかわらず、相手をして下さった。これが筆者の生涯を決めた瞬間でした。

深更の質疑応答

質問の趣旨はこうでした。「先生は、歴史を知るとは自己を知ることだとおっしゃっていますね。この意味が今一つ分からないのです。どうして自己を知ることになるのでしょうか」

小林さんは「歴史についてねえ、それは大変難しいことです……」と呟《つぶや》かれて、しばらく考え込まれている様子でした。

すると、突然顔を上げられて「君は歴史が自分の外側にあると考えますか」と問われたのです。返答に窮《きゅう》していると、あとは速射砲を浴びているような事態となっていきました。

「君は記憶を持っているだろ。その記憶は君と別ものではないでしょう。一秒前の君と今の君と別人ではないじゃないか。君の過去の何時をとり出してみても別人ではあり得ない。君の記憶はすべて君自身なのだ。君が、今ここにいるのは君に記憶があるからなんだ。記憶がなければ君は存在しませんよ！」

こちらが言葉を挟む余地などありません。ないというより、その迫力の前に棒立ちの状態でした。酒の匂いがあたりに漂い、顔面には小林さんの唾《つば》が

飛んで来ます。

「あのね、君のこの身体は誰が生んでくれたものですか。君のおっかさんだろう」。そう言いながら小林さんは、筆者の両腕を取られるのです。「はい、そうです」と応じるのが精一杯でした。

「じゃあ、この君を生んでくれたおっかさんのことを考えてみたまえ。おっかさんのすべては君のこの身体の内を流れているんだぞ。そうだろ。そうすると、君がおっかさんを大事にするってことは、君自身を大事にするってことにもなるじゃないか」

そう切々と諭《さと》される。ただただ頷《うなず》くばかりでした。

極めて卑近な親子の絆を例に挙げ、歴史に対する感覚を説かれる言葉を拝しながら、講演の枕として話されたエピソードが頭をよぎったのを覚えています。

「僕は大学時代から生活のために物を書いて売っていたんです。大学なんて勿論《もちろん》出る気はなかった。文学に大学は要りませんから。ただ僕は、親父が早く死んだためおふくろに育てられたんです。そのおふくろがどうにかして大学は出て欲しいと願っていたのです。ですから僕はおふくろのために大学を卒業したんです。そういうおふくろの願いを無視することは出来なかった……」

聴衆はどっと沸いたが、とても笑う気にはなれません。むしろ、ベルグソンを論じ、挙げ句の果てに筆を折ってしまわれた「感想」と題する『新潮』連載の冒頭のくだりが浮かんで来て、胸が熱くなりました。

終戦直後のこと、母の通夜を執り行っていた小林さんは切れかかった蠟燭《ろうそく》を買いに出ます。夕暮れの鎌倉路を歩いていると、目の前をゆっくりと大ぶりの蛍が飛んでいく。

この時小林さんは「おっかさんは今は、蛍になっている」と確信する。小林作品に親しんだ者なら誰しも熟知している場面です。

「君の肩には千年の歴史の重みがかかっている」

速射砲のごとき教えはさらに続きました。小林さんはぐっと歩み寄られて、こういわれたのです。

「君のこの肩にはおっかさんのすべてのものがかかっているんだ。じゃあ、もっと昔のことを考えてみたまえ。千年前のことだって同じだ。君のこの肩には日本の千年の歴史の重みがかかっているんだよ」

そういいながら小林さんは幾度《いくど》も筆者の肩を叩かれ、しみじみとした声で噛《か》んで含めるように諭されたのです。

「いいかい、君の身体には祖先の血が流れているんだよ。それが歴史というものなんだ。そこをよくよく考えなくちゃいけない。誰でも宿命をもってこの世に生まれてくるんです。そのことを自覚しなければだめだ。そして、生きて来た責任を果たさなければならないんだよ」

およそ三十分に及ぶ深更《しんこう》の「個人授業」はこうして幕切れとなったのでした。実は、以上の顚末《てんまつ》の一部始終を傍《かたわ》らで目撃した方々の中に、当時文藝春秋社の郡司勝義氏（小林秀雄担当で、のち作家）がいたとは知る由《よし》もありませんでした。二十年後のこと、この一夜の問答が小林さん晩年の名講演録「信ずることと知ること」の動機になったのだと、郡司氏は月刊誌で明かされました。

「（昭和四十八年）十一月初めの延岡市での講演を聴きにこられた方で、昂奮《こうふん》が醒《さ》めやらず、ホテルのロビーで、十一時頃まで待っていたふたりの青年がいました。実は、その熱意に大変うごかされて、このテーマ（「信ずることと知ること」）を選ぶに至ったのですが、……小林先生が、まったく見ず知らずの青年に懇々《こんこん》とさとされている姿は、目蓋《まぶた》に焼きついていていて離れません」

（月刊『国民同胞』平成四年八月号）

顧みると、一学生に対して胸に沁《し》み入るような言葉をかけて下さった小林秀雄さん。筆者が歴史に学ぶ極意を教示して頂いたあの一夜の機縁《きえん》がいっさいの始まりだったのです。

仰げば尊しの感、ますます深いものがあります。

悲運の潜水艇・佐久間勉艇長の遺書と恩師の涙

小浜中学から海軍兵学校へ

一九九四年に一世を風靡《ふうび》した映画『タイタニック』は、一九一二年四月十五日に起きた沈没事故を扱った作品ですが、大ヒットしたのはレオナルド・ディカプリオとケイト・ウィンスレットが演じるラブロマンスというフィクションのたまものでした。

ところが、タイタニック遭難《そうなん》のちょうど二年前にあたる一九一〇年、すなわち明治四十三年四月十五日に広島沖で海軍所属の第六号潜水艇が訓練中に海底に沈むという事故が発生しています。

艇長の佐久間勉《つとむ》海軍大尉ほか十三名の艇員は生還が不可能となりましたが、こちらは沈没時にとった彼らの行動そのものが国の内外に感動を呼び、今なお語り伝えられています。

では、佐久間艇長とはどんな人だったのか、事故の消息も併せて紹介してみましょう。

佐久間勉は明治十二年、佐久間家の次男として福井県三方《みかた》郡に生まれ、福井県尋常中学校小浜《おばま》分校（後の県立小浜中学校、以下小浜中学と呼ぶ）に入学します。

小浜中学では寄宿舎に入寮。この時、生涯を通じた心の師と出会うことになります。成田鋼太郎《こうたろう》と生田《いくた》小金次《こきんじ》の二人の教師です。後述するように、佐久間は海底の潜水艇にあって恩師二人の名前を書き綴《つづ》って絶命しています。

刻々と酸素が欠乏する生還不可能の艇内にあって、最期に至るまで部下を指揮して職分をまっとうした佐久間は、心中で「成田先生、生田先生」と絶叫してみずからを鼓舞《こぶ》したことでしょう。ちなみに成田は国語を、生田は数学を佐久間に教えた教師です。

小浜中学を卒業して海軍兵学校に入学するのは明治三十一年、故郷を発《た》つに際して友人知人が送別の宴《うたげ》を催してくれました。この時、佐久間は一同に向かって謝辞を述べていますが、そのあらましを友人が記録して残しています。

「諸君の友誼《ゆうぎ》に厚きこと、此《こ》の盛んなる送別会を開き、且《か》つ祝辞を賜《たま》はる。不肖《ふしょう》の最も名誉とする所である。顧《おも》ふに名誉のある所は責任の帰する所なり。……爾《じ》後粉骨砕身《ごふんこつさいしん》、誓つて帝国海軍軍人の名誉をまっとうし、諸君今日の好意に報《むく》いんことを期するものである」

弱冠数え二十歳の若者は、このように故郷の人々に感謝を告げ、「名誉のある所は責任の帰する所」に向かって新たな人生を歩み始めるのです。

第六号潜水艇、岩国沖に沈没

明治三十七年に日露戦争が勃発《ぼっぱつ》、海軍中尉に任官していた佐久間は、翌三十八年五月二十七日の日本海海戦には戦艦「笠置《かさぎ》」を駆使して奮戦しています。

日露戦争後は水雷術練習所学生を命じられ、横須賀に赴いて潜水艇の研究にあたり、大尉に進級するとともに、待望の第一潜水艇の艇長を拝命します。

悲劇の第六号潜水艇との出合いは、明治四十二年十二月、前艇長の転出に伴い、その後任に命じられて呉《くれ》に赴任した時です。

明けて明治四十三年四月十一日、艇長の佐久間と十三名の部下が乗り込んだ潜水艇は演習のため呉を出港します。十四日には長距離潜航を試みますが、とくにトラブルもなく無事終了しました。

こうして運命の四月十五日を迎えるのです。この日は九時三十分に航走を開始して岩国の沖に向かいました。潜水してしばらく後にいったん浮上、反転して十時四十二分に全速前進、五十二分には通風筒《つうふうとう》半ばまで沈み、そのまま半潜航を維持できず、船体が完全に水没します。水没場所は岩国の南南東の方角だったと伝えられています。

海底に沈んだ艇が発見されたのは翌十六日十五時三十八分でした。四月二十日付の東京朝日新聞には「雄々しき最後」と題した特集が組まれ、捜索に従事した将校の談話が紹介されています。

「佐久間艇長は司令塔に在りて儼然《げんぜん》指揮せる儘《まま》、生けるが如く永眠し、舵手《だしゅ》はハンドルを握りし儘瞠目《どうもく》し、長谷川中尉以下各部署に就き、更に取乱したる態度無かりしは、軍人の本分とは云へ、死に至るまで職務忠実なる行動に、胸迫り涙さへ出《い》でざりし」

ハンドルを握ったまま絶命していた舵手とは二等兵曹の堤重太郎です。長谷川芳太郎中尉は門田勘一上等兵曹とともにガソリンパイプの破損部分近くに並んで倒れていました。

おそらくは噴き出るガソリンの臭気《しゅうき》を食い止めようとして力尽きたのでしょう。このように、全員が最期の瞬間まで持ち場を離れずに絶命していたのです。佐久間は享年、満三十歳でした。

佐久間艇長の「遺書」発見

ところで、遺体を収容した十七日の夜のことでした。遺留品《いりゅうひん》整理に当たっていた同じ小浜中学出身で海軍中尉倉賀野《くらかの》明が佐久間の遺書を発見したのです。

ここでは、冒頭の部分と最後に書きつけた「公遺言」と題する箇所を紹介しておきます。

佐久間艇長遺言

小官ノ不注意ニヨリ
陛下ノ艇ヲ沈メ
部下ヲ殺ス、
誠ニ申訳無シ、
サレド艇員一同、
死ニ至ルマデ
皆ヨクソノ職ヲ守リ

沈着ニ事ヲ処《しょ》セリ、
我レ等ハ国家ノ為メ
職ニ斃《たお》レシト雖《いえど》モ
唯々《ただただ》遺憾《いかん》トスル所ハ
天下ノ士ハ
之ヲ誤リ以テ
将来潜水艇ノ発展ニ
打撃ヲ与フルニ至ラザルヤヲ
憂《うれ》フルニアリ、
希《ねがわ》クハ諸君益々勉励以テ
此ノ誤解ナク
将来潜水艇ノ発展研究ニ
全力ヲ尽クサレン事ヲ
サスレバ

我レ等一モ
遺憾トスル所ナシ、
（中略）
公遺言
謹ンデ
陛下ニ白《もう》ス、
我部下ノ遺族ヲシテ
窮スルモノ無カラシメ給ハラ
ン事ヲ、
我ガ念頭ニ懸カルモノ之レア
ルノミ、
左ノ諸君ニ宜敷《よろしく》、（順序不順）
（中略）
（気圧高マリ鼓《こ》マクヲ破ラルル如キ感アリ）

一、小栗大佐
一、井出大佐
一、松村中佐（純一）
一、松村大佐（竜）
一、松村少佐（菊）（小生ノ兄ナリ）
一、舟越大佐、
一、成田鋼太郎先生
一、生田小金次先生、
十二時三十分呼吸非常ニクルシイ
瓦《が》素林《そりん》ヲブローアウトセシシ積リナレドモ、
ガソ《（ママ）》ソリンニヨウタ
一、中野大佐、
十二時四十分ナリ、

沈没後のいつの時点で筆をとったのかは分かりません。トラブルの復旧に必死の指揮をとりながらも、後世のためにとっさにメモを書き始めたのだと推測されます。

まず陛下の艇を沈め、優秀な部下を死なせることを指揮官として詫《わ》びています。次いで部下十三名が死に至るまで沈着に事に当たり、職分をまっとうした事実を伝えるのです。このくだりは発見された時の様子と見事に照合します。

さらにこの事故のために潜水艇の発展に支障が生じてはならない。死に臨んで心残りがあるとすればそのことだ。どうかこれを教訓に一層の発展に尽くしてもらいたいと切々と訴えるのです。

この要望は、後に実際に活かされ、世界に抜きんでる「潜水艦」建造に結実します。

恩師成田鋼太郎の号泣

事故の一報は世界にも伝えられ、諸外国からは続々と弔電や弔慰金が届けられました。アメリカでは国会議事堂の大広間に遺書の写しが英訳を添えて丁重に陳列されたといいます。　遺書の最後には、鼓膜が破れ呼吸困難となりながらも別離の名前を列記しています。その中に「先生」と敬称をつけた成田と生田の恩師の名が見えます。

　成田鋼太郎は明治四十一年一月三日、京都平安神宮で挙行された佐久間の結婚式の媒酌人《ばいしゃくにん》を務めた人でもあります。当時、連日の降雪で小浜一帯は行き来もできないほどの事態となりました。

　そこで草鞋《わらじ》と脚絆《きゃはん》に身をかため、徒歩で一メートルを超える積雪をついて今津

街道に出て、当日午前中にようやく京都に辿《たど》り着いたといいます。成田はそういう教師でした。佐久間は分身のごとき教え子だったのです。

剛毅《ごうき》の人として知られた成田は、佐久間の訃報《ふほう》に接しても涙はこぼさなかったそうです。その成田が後に発見された遺書を読み終わるや、その見事さに打たれて号泣《ごうきゅう》します。

「これを読みて予は感極まりて泣けり。今泣くものは死を悲しめるにあらざるなり。その最期の立派なりしに泣けるなり」と書き残しています。

かくて成田は筆をとります。最愛の教え子の生涯を後世に伝えるためです。その年の十一月十六日、博文館から菊版百七十六頁の『殉難《じゅんなん》艇長佐久間大尉』と題して刊行されました。巻末に一首の歌を捧《ささ》げて結びとしています。

敷島《しきしま》の大和心を人問はゞ佐久間大尉の遺書を示さむ

第五章

国を守る

「桃の節句」の終戦秘話――昭和天皇と白川義則大将

密かに届けられた御製

をとめらが雛《ひな》祭る日にたたかひをとどめしいさをおもひいでにけり

この一首は昭和天皇がお詠《よ》みになった御製《ぎょせい》です。意味は「娘たちがお雛さまを飾ってお祝いをする桃の節句に戦争を終息させたその勇気を、今、私は思い出している」というものです。

ところで、この御歌《おうた》の中で陛下がご回想されている戦争終結の事実に関して、誰が何時《いつ》、如何《いか》なる戦いをどのような経緯で、ピリオドを打ったのかということになると少しばかり説明が必要でしょう。

実はこの戦いは、満州事変との関連の中で勃発《ぼっぱつ》した上海事変を指します。そしてこの事変を終結させた人物とは、愛媛県松山出身の陸軍大将白川義則という方でした。

昭和七年一月二十八日に起きた日中両軍の武力衝突に際し、派遣軍司令官として上海に赴《おもむ》いた白川大将は、桃の節句の三月三日に停戦命令を発して戦いの矛《ほこ》を納める偉業を果たします。

ところが、その後の四月二十九日、上海で催された天長節《てんちょうせつ》（現在の「昭和の日」）奉祝《ほうしゅく》の式場で朝鮮独立運動家の一人が投げた爆弾を受けて重傷を負い、ほどなく現地で死去しました。

悲運に倒れましたが、見事上海事変を終わらせたその功績を昭和天皇はお忘れになりませんでした。白川大将の一周忌の際、冒頭に掲げた御製を詠まれて、密《ひそ》かに遺族の許《もと》へ下賜《かし》されたのです。

昭和天皇の御製を墨で謹書したのは入江為守《いりえためもり》御歌所長（故入江相政元侍従長の

父）、これを白川家に持参したのは鈴木貫太郎侍従長（終戦時の首相）でした。

平成元年一月十五日の『朝日新聞』に載った白川義正氏（白川義則大将の長男）の談話によると、昭和八年四月末、鈴木侍従長から「明日お届けしたいものがありますから在宅願います」と電話がかかってきたのだそうです。

当時大学生だった義正氏が、入院中の母に代わって学生服姿で待っていると、鈴木侍従長は一人で来訪し、「靖国神社を陛下が参拝されたおり、故白川大将を思い出されて歌を詠まれた。その歌を持参しました」と告げて、自身の手紙も添えて手渡したといいます。

このように、この一首はまことに数奇な運命を辿《たど》って今日に伝えられた御製です。そこで、桃の節句の季節でもあり、今回はこの御歌の持つ歴史的な意味を考察してみることにします。

昭和天皇の叱責

昭和二年に成立した田中義一《ぎいち》内閣は、それまでの外相幣原《しではら》喜重郎による協調外交にかわって大陸強硬政策を打ち出します。

しかし、この田中強硬外交中に起きた山東出兵、済南事件とつづく中国軍との武力衝突は、ついに張作霖《ちょうさくりん》爆殺事件へ発展します。

この事件の背景には、現地の関東軍（満州に駐屯した日本陸軍部隊）の一部が関与している可能性があり、田中首相も調査した結果、関東軍の所業であれば断固とした処分を行う旨、陛下へ奏上しました。

しかるに、結果は行政処分程度となり、昭和四年六月、まず当時は陸軍大臣だった白川義則が陛下に拝謁《はいえつ》して、以上の措置を伏奏《ふくそう》。これに対して陛下は「将来を戒しめよ」とたしなめられたと伝えられています。

次いで参内《さんだい》した田中首相は、陸相と同様の趣旨を奏上、真相不明と公表する件について陛下の允許《いんきょ》を願い出ましたが、この時陛下は「最初に言ったことと違うではないか」と強く首相を叱責《しっせき》され、不信を示されるのです。

かくて田中内閣は総辞職し、浜口雄幸《おさち》、若槻《わかつき》礼次郎が相次いで首相に就任。一方大陸では、万宝山《まんぽうざん》事件や中村大尉虐殺事件などの中国側による排日、侮日《ぶにち》の事件が頻発し、ますます現地の関東軍を刺戟《しげき》する様相を見せます。

こうした一連の火種が、昭和六年九月十八日に柳条湖《りゅうじょうこ》事件となって現れたのです。政府はただちに不拡大方針を出しますが、関東軍はこれを張学良軍の仕業として軍事行動に移り、四か月半で満州を制圧します。いわゆる満州事変と呼ばれるものです。

この時も陛下は若槻首相に対して「事態を拡大せぬよう、徹底して努力せよ」と意思を表明され、又出兵の直裁《ちょくさい》のため参内した金谷参謀総長には「将来を慎め」と厳しく戒められたほどです。

しかし、陛下の憂慮にもかかわらず事態は混迷し、中国の対日感情も極度に悪化、国際社会の眼も満州に向けられ、国際連盟はリットン調査団を派遣して事態の解決を図ろうとします。

「白川は戦争を止めます」

このように、陛下が日中間の紛争に懊悩《おうのう》されていた最中、再び憂慮すべき事態が起きます。それが上海事変です。昭和七年一月二十八日のことでした。

この上海事変の一報に接し、陛下の御苦悩はその極みに達します。元老西園寺公望《きんもち》の政治秘書を務めた原田熊雄《くまお》が残した『原田日記』によれば、「（陛下は）夜もろくろくお休みになれないらしく、十一時頃侍従を鈴木侍従長の家に遣わされて〝すぐ来てくれ〟というお言葉もあった」といいますから、当時の御心痛のほどが偲《しの》ばれてなりません。

こうした事態の中で、政府内の周章狼狽《しゅうしょうろうばい》、政府と陸軍間の不統一は一向に改まる様子は見えませんでした。現地では海軍が陸戦隊を揚陸《ようりく》させますが、中国軍は頑強に戦闘をくりひろげ日本側は苦戦に陥る情勢でした。

時の犬養毅《いぬかいつよし》首相は二月十九日に上海には増兵しない方針を打ち出していたにもかかわらず、二十三日になると二個師団増派のやむなきに至った旨を上奏。ついに元陸相であったあの白川義則大将が上海派遣軍司令官に任ぜられ、その親補式が二月二十五日正午にとり行なわれることとなりました。

この折のことです。白川大将は、拝謁した陛下から思いがけない重大な使命を授けられるのです。陛下は「事態は重大であるから、お前は早く目的を達して、遅滞なく軍を引揚げて帰って来るように」と仰せになったのです。

三年前、張作霖爆殺事件の際は陛下の叱責を受けた一人でしたが、陛下は万感の思いをこの白川司令官に託されたのでした。この時、たしかにお言葉承りましたというほか、白川の胸には何ものものもなかったに違いありません。

白川は翌二十六日出発し、作戦の都合で三月一日上海に上陸します。現地には「あくまで敵を急迫し、徹底的打撃を与えらるることを期待す」という参謀本部

次長名の要請が届いていて、停戦の雰囲気など毫《ごう》も見えませんでした。

ところが、三月三日の現地会議の席上、突如起立した白川司令官は、こう言明したのです。「白川は戦争を止めます。停戦命令を出します」と。

その口調は、遥《はる》か東京の陛下に奏上するかのように聴く者に荘重《そうちょう》に響いたといいます。臨席していた重光葵《しげみつまもる》行使は「独り心に期するところありしものの如く、遂に参謀等の反対を押し切り停戦を断行した」と、一場の様子を記録に残しています。

かくて停戦を指示する「上軍作命甲第十一号」命令が下達され、上海事変は終結を迎えるに至ったのです。陛下のお喜びは格別のものであったと伝えられています。

「有難い、洵に有難い」

桃の節句を迎えた上海の街は銃声が止み、二か月後の五月五日の端午《たんご》の節句には上海停戦協定を結ぶ段取りもすべて整い、着々と準備が進んでいました。

停戦協定調印の日を目前に控えた四月二十九日、上海の公園では天長節の式典が催され、白川司令官らが雛壇に並んで国歌「君が代」を斉唱していた時のことです。後方から水筒が投げ込まれ壇上にころがります。爆薬と鉄片を練り込んだ爆弾でした。

たちまち凄《すさ》まじい爆音とともに破裂。参列していた重光公使は脚を負傷、白川司令官は全身に鉄片を浴び、顔面から血が噴《ふ》き出しました。それでも姿勢を崩そうとはせず、しばらく直立不動のままだったそうです。

病院に担ぎ込まれた白川の容態は一進一退を繰り返します。五月二十日には瀕《ひん》死《し》の床から「今度くらい陸海軍の共同作戦がうまく行ったことはない。このことは、自分が伏奉することが出来なくても、陛下の上聞《じょうぶん》に達するように」と指示しました。

この事件は日本国内を駆けめぐり、陛下は白川大将に勅語《ちょくご》を賜りました。二十三日に電報で届けられています。

「卿、上海派遣軍司令官トシテ異域ニ在リ、精励克《せいれいよ》ク其任務ヲ達成シテ、威武《いぶ》ヲ宣揚《せんよう》シ、国際ノ信義ヲ敦《あつ》クセリ。朕《ちん》深ク其労ヲ嘉《よみ》ス」

病床の白川は息絶え絶えとなりながらも「有難い、洵《まこと》に有難い」と幾度もつぶやいたといいます。しかし治療の甲斐《かい》もなく、両手を胸に東方を拝したまま五月二十六日に絶命します。

「端午の節句」に調印予定の上海停戦協定に臨むことなく倒れたことはさぞ無念だったでしょう。しかし、陛下から授かった使命を果たし得た白川に悔いはなかったに違いありません。

冒頭に掲げた陛下の御製は、以上のような歴史を背負っているのです。戦いというものは、自然に立ち消えになるものではありません。やはり人間の崇高《すうこう》な意志と判断と努力を結集して矛を納める力となるものです。

しかも白川が上海事変を終結させた英断は、鈴木貫太郎が証言した通り、日中間の紛争を終わらせたばかりでなく、渦巻くような国際社会の疑惑と非難を沈静化させる方向に向かわせたのです。

満州事変から支那事変を経て大東亜戦争までを連続した「侵略戦争」として位置づける、いわゆる「十五年戦争」史観がいかに謬見《びゅうけん》であるか、白川義則の勇姿が歴然と物語っています。

聖徳太子が中国に放った「独立宣言」

古代における朝貢外交

我が国の対中関係における最古の記録は、古代中国で編《あ》まれた『漢書』地理志に出てきます。これによりますと、紀元前一世紀に我が国は定期的に中国に朝貢《ちょうこう》していたと伝えられています。

紀元後に入ると、その朝貢の実態がもっと具体的に記述されます。例えば『後漢書』東夷《とうい》伝には、「建武中元二（五七）年、倭《わ》の奴国《なこく》、貢《みつぎもの》を奉じて朝賀す。…光武、賜《たま》ふに印綬《いんじゅ》を以てす」とあり、続いて「永初元（一〇七）年、倭の国王帥《すい》升《しょう》等、生口《せいこう》百六十人を献じ、請見《せいけん》を願ふ」という記事が見えています。

前者の記述は、福岡県の志賀島《しかのしま》で金印が発見されていますので一応の裏付けがとれていますが、この金印は必ずしも自慢できる代物《しろもの》ではありません。当時、博多付近にあった奴国の使者が後漢の光武帝から授けられた金印は、中国との間に冊封《さくほう》関係を結んだあかしにすぎないのです。

冊封というのは、中国の皇帝が周辺諸国の君主に「倭国王」などの爵位《しゃくい》を与えて従属関係におく体制のことで、日本もこのシステムに組み込まれていて、中国の傘下《さんか》にあったのです。

後者の記述によれば、我が国は「生口」と呼ばれる奴隷百六十人を献上したとまで伝えられています。これなどまさに、配下として貢ぎ物を献上しなければ付き合ってもらえない、いわゆる朝貢外交そのものです。それほど、中国は強大な国でした。

あの卑弥呼《ひみこ》にしても中国の魏《ぎ》に朝貢しています。彼女は使者を通じて「親魏倭王」なる称号をもらったと、邪馬台国の存在が唯一記述されている『魏志』倭人伝に書かれています。

ですから、中国は周辺諸国の人々を対等とは認めず、見下すのが常でした。彼らの名づけた「東夷」とは、日本人をいやしむ呼称にほかなりません。貢ぎ物の進呈はもとより、後には三跪九叩頭《さんききゅうこうとう》の礼まで要求したといいます。

対等外交を目指した聖徳太子

こうした中国による世界システムに、史上初めて異を唱えたのが聖徳太子です。

時は七世紀を迎えた頃、太子は遣隋使に小野妹子《おののいもこ》を命じて派遣したのです。この時、妹子が隋の皇帝である煬帝《ようだい》に渡した太子の国書には、「日出《い》づる処の天子、書を日没する処の天子に致す。恙無《つつがな》きや」とありました。

これを手にした煬帝は憤怒《ふんぬ》の色を露《あら》わにしたと『隋書』倭国伝は伝えています。それはそうでしょう。かつて中国に対して対等の口を利くような国はあり得なかったからです。それが手紙の冒頭から対等の立場で書き出されているではないか。諸国を見下して高《たか》を括《くく》っていた煬帝は狼狽《ろうばい》すら覚えたのではないでしょうか。

しかし、煬帝は小野妹子を無礼と見て斬り捨てることはなかったし、まして日本を攻めることもありませんでした。なんと妹子の帰国に際して部下の裴世清《はいせいせい》を答礼のために訪日させたほどです。このように、太子は中国の対日外交を一変させてしまったのです。

そもそも太子外交の頃の東アジアは、決して牧歌的な時代ではなく、内治外交の上でもまた文化史上においても、我が国未曾有《みぞう》の転換期でした。大陸文明との異文化接触、政界における蘇我氏の台頭、朝鮮半島をめぐる外戦の連続など、時代の濁流《だくりゅう》に身をもって立ち向かうことを強いられたのが聖徳太子という方だったのです。

当時、隋が建国されると、高句麗《こうくり》と百済《くだら》はただちに朝貢して冊封関係を結びますが、新羅《しらぎ》は三国中最も遅れて朝貢しました。以降、新羅は高句麗に対抗するためにも隋の支援を求め、ここに隋・新羅対高句麗という対立の構造が浮上します。結果、新羅による任那《みまな》滅亡の一件もあって、我が国の当面のライバルは高句麗から強大化する新羅へ移ることになりました。一方、新羅は高句麗遠征に失敗した隋の文帝の死後、あとを継いだ煬帝に対して使者を送り、高句麗への再征を勧めるのです。

こうして隋と新羅との軍事的提携が明らかになってきたため、日本としてもこれに対抗する外交上の措置が必至となってきました。しかも、以前のような朝貢的態度では、日本を結局のところ対抗すべき新羅と同列におくことでしかない。

では、どうすればいいのか。ここに、聖徳太子の外交手腕に我が国の将来が委ねられることになるのです。太子の考えはこうでした。今後の新羅に対抗するには、どうしても強国の隋と対等の立場となっておく必要がある。そこに日本の活路を見出すほかない、そう決断を下されたのです。

用意周到な外交判断

こうした破天荒《はてんこう》な太子外交は、東アジアに確立していた冊封体制を破ることになるわけで、隋がどういう態度に出てくるか、極めて危険な賭けでもありました。そこで太子は可能な限りの情報を収集・分析し、その上で用意周到な戦略を立てるのです。

実は小野妹子を派遣する四か月前のこと、百済は隋に朝貢し、高句麗討伐を強く願い出ます。これを受けて煬帝は高句麗の動静を監視するよう百済に命ずるのです。おそらくは、太子はこの情報を入手して妹子の派遣に踏み切ったに違いありません。

すなわち、隋が高句麗との戦争準備に備えている真っ最中であるのなら、対等外交を求める太子の国書に激怒して日本に軍を差し向ける余裕はないはずだとの明敏な外交判断です。見事というほかはありません。

前述した通り、中華思想によれば、上位に中国の皇帝があってその下に倭（日本）の王が位置するという上下関係は、不動のものと思われていました。

しかも、この関係は、従来の日本のみならずアジア諸国の殆《ほとん》どが甘受してきたシステムでした。ですから、中国皇帝と同等の「日出づる処の天子」など、あってはならない存在だったのです。

この頃の隋は戸数八百九十万、人口はおよそ四千五百万ぐらいと推定されます。東欧では東ローマ帝国が存在していたものの、ペルシアとの間に無益な戦争を繰り返し疲弊《ひへい》していたし、西ヨーロッパは混沌《こんとん》とした時代で、まともな国家といえばフランク王国ぐらいでした。名実ともに世界の超大国は隋帝国しかなかった。これほどの世界帝国に対して、真っ向から「独立宣言」を告げたのが太子だったのです。

太子外交の後継者

このような卓越した太子一代の外交は、後の我が国派遣の遣唐使一行にとって拠《よ》り所となりました。その証左を『続日本紀《しょくにほんぎ》』にうかがうことができます。例えば七〇四年七月のくだりに、帰国した粟田真人《まひと》が唐滞在中にどのような姿勢で臨んだのか、次のような記録が見えています。

この年、唐に到着した時、お前はどこの国から来た使者かと唐人から問われた真人は「日本国の使なり」と応じ、すぐさま唐人に向かって「此は是れ何の州の界《さかい》ぞ」と尋ねた。すると相手は、ここは大周の楚州の地であると答えたといいます。

怪訝《けげん》に思った真人は「先には是れ大唐、今は大周と称《なづ》く。国号、何に縁《よ》りてか改め称くる」と問い質《ただ》しました。国号は大唐のはずだが、なにゆえ大周というのかというわけです。実は六九〇年からの一時期、則天武后《そくてんぶこう》によって「周」と改められていたのです。

このような国名をめぐる問答が済むと、唐人は「海の東に大倭国有り。これを君子国と謂《い》ふ。人民豊楽にして礼儀敦《あつ》く行はるときく。今使人を看るに、儀容太《はなは》だ浄《きよ》し。豈《あに》信ならずや」と称えて去ったと記録されています。

この問答の際に真人が用いた「日本国」は、日中関係史において我が国を「日本」と称したはじめといわれています。この真人の堂々たる対応は中国の対日意識を変革せしめる契機ともなりました。

それまで中国における日本の呼称は、『隋書』までは倭または倭国でした。これが『旧唐書《くとうじょ》』では倭国と日本国の両方の呼称が用いられ、次いで『新唐書』になると日本または日本国と記すようになるのです。

独立国家としての気概

さらに『続日本紀』には、七五三年十二月に遣唐副使の大伴古麻呂《おおとものこまろ》が鑑真《がんじん》らを伴って帰国した事実が記され、古麻呂による帰朝報告が載せられていますが、この内容がまことに興味深いのです。

七五三年正月のこと、玄宗皇帝への朝賀の儀式に臨んだ古麻呂の席は西側に置かれ、その順位はチベットの次でした。一方、東側に並んだ新羅の使者は第一席に置かれていたといいます。

要するに我が国は新羅よりも低く扱われていたのです。ちなみにこの時、新羅は唐の冊封を受けていましたが、すでに我が国はれっきとした独立国家であり、冊封関係にはなかったのです。にもかかわらず、このような無礼な扱いを受けた。そこで古麻呂は、独立国家の使者として正論を吐きます。いわく、「古より今に至るまで、新羅の日本国に朝賀すること久し。而《しか》るに今、東畔《とうはん》の上に列し、我反《かえ》りてその下に在り。義、得《う》べからず」

昔から今に至るまで、新羅は我が日本に朝賀してきた国である。ところが今、その新羅が第一席をあてがわれ、我が国は逆に下座に置かれている。これでは道理にかなわないではないか、と。

恐懼《きょうく》した唐の関係者は、ただちに席順を改め、古麻呂の席を筆頭に置いたというのです。我が国は、聖徳太子が実現した対等外交以来、これだけの誇りと対中外交に当たっての交渉能力を身につけていたのです。

昨今の嘆かわしい外交を見るにつけ、対中外交に決して位負けしなかった聖徳太子並びにその後継者たちの偉業が偲《しの》ばれてなりません。

ロシアと渡り合った幕臣・川路聖謨の面目

ロシア全権プチャーチン来る

本欄では、明治維新期を幕臣として生きた川路聖謨《かわじとしあきら》の偉業を紹介しましょう。川路は豊後日田《ぶんごひた》（大分県日田市）の代官所に勤める役人内藤歳由《としよし》の長男として享和元（一八〇二）年に生まれました。

のち父が幕府の徒士《かち》組に採用されると、一家揃《そろ》って江戸に移り、小普請《こぶしん》組の川路三左衛門の養子となります。以後、刻苦勉励して頭角を現し、嘉永五（一八五二）年には勘定奉行《かんじょうぶぎょう》に就任、異例の昇進をとげた傑物《けつぶつ》です。

彼の業績の第一に挙げるべきは、なんといっても日露の国境を確定した和親条約を見事にやり遂げた点です。その交渉経緯は、現下日本が抱える国土紛争解決に示唆《しさ》を与える貴重な手本でもあります。

周知のように一八五三年六月にペリーが浦賀に来航して開国を迫りますが、同じくこの年にはロシア全権のプチャーチンが長崎に現れました。

アメリカは我が国との通商が目的でしたが、ロシアの場合は国境交渉が最大のねらいでした。川路は幕府きっての国際通でもあったため、外国応接係を兼務して、ただちに長崎に急行。プチャーチンとの交渉にあたります。

ただしこの長崎では双方妥結《だけつ》せず、プチャーチンはいったん長崎を離れ、翌年交渉再開のため伊豆半島の下田に来航します。この時の交渉も川路が担当しました。実はこの交渉時の詳細な公式記録があります。ここではその中から圧巻の交渉場面を、以下に再現してみます。

気を吐く国境交渉

まずプチャーチンは、「日本千島の内、南は日本、北は我国にて支配致し候《そうろう》。当今日本にては、エトロフは、何《いず》れの所領と心得られ候や」と切り出しました。

千島列島については北方はロシア、南方は日本が実効支配しているが、択捉島《えとろふ》についてはいずれに属するものと認識しているのかというわけです。これに対して川路はこう述べました。

「蝦夷《えぞ》の千島は、残らず我国の属島にて、……貴国のゴローニンと申す者、ウルップを以《もっ》て間島《かんとう》と致し候積り、契約致し、それ以来、エトロフ島へは番所をも差置《さしお》き来《きた》る所にして、素《もと》より吾《わが》所領なる所、疑《うたがい》も之無《これな》く候」

南千島は当然全島我が国のものである。かつて貴国のゴローニンがウルップ島を以て日露の国境であると約束したではないか。以来、我が国は択捉に番所を設けて管理している。よって我が国の領土であることは疑いようのない事実である。これが川路の返答でした。

川路が挙げた事例とはこういうことです。四十二年前のこと、ロシア軍人ゴローニン一行が南千島海域に侵入、国後島《くなしり》で我が国に捕らえられた事件がありました。

その時、ゴローニンとの間に交わした証文があり、それを川路はプチャーチンに示したのです。そこにはウルップを両国の国境とする旨《むね》が明記されていました。さすがのプチャーチンも先例を持ち出されては慌《あわ》てたことでしょう。この件を保留するのが精一杯でした。

次いで論議は樺太《からふと》問題に移りました。川路は樺太の国境についてはきちんとした実地調査を行って確定すべきで、そのためには数年が必要であると主張します。一方、プチャーチンはあくまでも早期解決にこだわり、「貴国の三月四月頃迄《まで》に、御役人御出役《ごしゅつやく》之無く候はば、我国より彼国《かのくに》（樺太）へ人民を植付け申すべく、……」と言い張ったのです。要するに、慎重な調査を申し出る日本に対し期限を設定して、それまでに目処《めど》を立てなければ樺太に入植を開始するぞと圧力をかけたわけです。

こうした高飛車《たかびしゃ》な態度に川路は烈《はげ》しく応酬《おうしゅう》します。

「ささて無理なる事を申され候。我国所領なること分明《ぶんめい》なる所、我国へ一応の断りもなく、勝手に人を差渡《さしわた》し置《おき》候のみならず、右無理なる事申掛け候段、相済《あいす》まざる事に候。右心得にてはとても事は整ひ難く之有るべくに付、談判も無益に候」

貴殿はなんと無理難題をいわれることか。我が国の領土たることは明らかであるのに、なんの断りもなく勝手に守備隊を上陸させている上に、一方的に期限を切って入植するなどと妄言《もうげん》を言い放つ。

これではまっとうな議論は成り立ちはしない。もはやこれまで、交渉は打ち切ろうではないか。

この川路の剣幕《けんまく》にプチャーチンはおののき、「某《それがし》申立ての眼目は、事を速《すみやか》に致《いた》し度《した》くと存ずる事に候間、御勘弁之有《ごかんべんこれあ》り度く候」、私は早期に妥結したい気持ちから申し上げたにすぎず、誤解を招いたとすればお詫《わ》びしますと陳謝《ちんしゃ》したのです。

事実を踏まえない脅《おど》しには敢然《かんぜん》として立ち向かう、川路の面目躍如《やくじょ》たる場面です。

老獪な底意を見抜く

しかし、さすがはロシア全権の老獪《ろうかい》なネゴシエーターです。すぐさま話題を転換、国際社会の知識や慣行《かんこう》に疎《うと》い日本側の弱点をねらってこう申し出たのです。

「異国の船、薪水《しんすい》食料乏絶《ほうぜつ》に及び候時、値《あたい》を以て買入れ候様致度く、御貰《もら》ひ申し候儀は相成り難く候」

すなわち、外国船が燃料や飲料水、食料などを求めた際は無償《むしょう》ではなく、有償《ゆうしょう》で買い取らせてほしいとの要望です。行き届いた申し出のようですが、川路はその底意がどこにあるのか、見逃しませんでした。

「右様瑣末《さまつ》の処へ力を入れ論弁之有り候には及ぶ間敷《まじ》く、我朝《わがちょう》の人は、人の迷惑難儀《なんぎ》を救ひ候て、礼物値等受取り候儀は致さざる国風に候」

そんな些事《さじ》にこだわりなさるな。我が国では、人を助けたからといって返礼などもらわない国柄である、その点よく承知おき願いたい。そう回答したのです。

たとえ緊急時の支援であっても、金銭を受け取れば商取引と見なされます。そうした既成事実をつくれば、そこにつけ込まれて通商条約の口実を与え、相手側の思う壺《つぼ》となりかねない。さすがというほかはありません。

このように川路の交渉術は際立つもので

した。ロシア側にとってこれほど手強い相手とは思いもしなかったことでしょう。会談が始まるや、川路の対応に目を見張った様子は、彼らの記録にも残されています。

プチャーチンに随行《ずいこう》したゴンチャロフは、間近に接した川路の鮮烈な印象を『日本渡航記』（岩波文庫）に書き留めました。

「川路は非常に聡明であった。……その一語一語が、眼差《まなざし》の一つ一つが、そして身振りまでが、すべて常識と、ウイットと、炯敏《けいびん》と、練達を示していた。……私の気に入ったのは、川路に話しかけると、立派な扇子《せんす》をついて、じっと見つめて聴く態度である。……額《ひたい》に浮んだ微《かす》かな皺《しわ》の動きには、彼の頭の中に一つ一つの概念が集って、聴いている話の全体の意味がまとまって行く過程がはっきりと現われていた。話の半ばをすぎて、その大意を摑《つか》んでからは、口は固く閉じ、額の皺は消え、顔全体晴々となる。彼はもう何と答えたらよいかを知っているのだ。……川路が自分で話し始めると、一切をそれに没入して、いつまでも話し、その時の彼の両眼は理智に輝いていた」

彼らは、かくも川路の一挙手一投足に注意を払って見入っていたのです。たかが極東の鎖国下にある弱小後進国ではないか。手玉にとってやろうと高を括《くく》っていたロシア側にとって、これほどの人材がいようとは信じ難かったに違いありません。

ウイットに富む巧みな交渉術

川路の対応はウイットにも富んでいました。細部にわたる交渉を避けたい我が方は会談を早く終結したい。そうした思いを川路はユーモアを交えて巧みに語ったと、ゴンチャロフは記録しています。

「左衛門尉《さえもんのじょう》（川路）妻は江戸にて一、二を争ふ美人也、夫《それ》を置きて来りたる故か、おりおりおもひ出し候。忘るる法はあるまじきやといひたるに、大に喜び笑ひて、使節も遠く来り、久しく妻に逢はざること、左衛門尉が如きにあらず、左衛門尉のこころを以て考へくれ候へ、と申したり」

我が妻は江戸でも一、二を争う美人である。今、妻を思うや切なるものがある。ましてや何年も故国を離れているプチャーチン殿も同様の思いが強かろう。切りのいいところで妥結して愛する妻のもとへ帰ろうではないか。そんな川路のウイットに双方朗《ほが》らかな笑いを誘われうち解け合ったというのです。

鋭く切り込むかと思えば、一方では座を和《なご》ませるユーモアの精神を併せ持つ。このような変幻自在の川路にゴンチャロフが感心したのも当然でしょう。

こうした交渉を経て、択捉以南が日本領土であることが画定され、その内容を明記した「日露和親条約」が締結されたのです。安政元年十二月二十一日のことでした。

この条約調印の日が新暦に換算すると二月七日、今日の「北方領土の日」です。川路の苦心の交渉成果を偲《しの》ぶ記念日としても、あらためて想起したいものです。

尖閣諸島開拓に献身した古賀辰四郎・善次の親子鷹

福岡県出身の開拓者

我が国の尖閣諸島沖に侵入した中国漁船が、停船を勧告する海上保安庁の巡視船に衝突してきた事件は記憶に新しいところです。

そこで当欄では、そもそも尖閣諸島経営の先駆者とは誰だったのか、その知られざる横顔を紹介しておくことにします。

実は尖閣諸島にはれっきとした日本人の開拓者、所有者がいました。明治以来、長い間におよんで古賀辰四郎《こがたつしろう》及び子息の善次《ぜんじ》、その後は善次の妻がこの島を守ってきたのです。

古賀辰四郎が沖縄に来島したのは明治十二（一八七九）年、二十四歳の時です。爾来《じらい》、石垣島に古賀商店を開いて海産物を取り扱い、尖閣諸島の開拓をはじめ多くの功績を残し、明治四十二年には藍綬褒章《らんじゅほうしょう》を下賜《かし》されたほどの人物でした。

古賀は、安政三年に福岡県上妻郡《こうづまぐん》山内村（現在の福岡県八女《やめ》市山内）に誕生しました。『沖縄近代史事典』には、「家は代々中農であり、沖縄へは八女茶を商いに来た」とありますが、これを裏付ける史料はありません。たしかな事実は、兄が福岡から大阪に移って古賀商店を開店。続いて辰四郎も上阪して経営に参加したことです。

なお、古賀が沖縄で活動し始めた明治十二年以降の消息については、藍綬褒章下賜の際に作成された資料「古賀辰四郎へ藍綬褒章下賜の件」に明らかです。

沖縄の廃藩置県は明治十二年、琉球藩を廃して沖縄県を設置しました。この資料によれば、同年五月に古賀は沖縄に移って海産物を扱う店舗を構え、みずから周辺海域の調査に乗り出しています。

尖閣諸島開拓への序幕

当時の沖縄では、海洋資源は未開拓の状況でした。例えば、貝類は中身を除いて貝殻のたぐいは捨てていたといいます。したがって、工業用として貴重な夜光貝や高瀬貝などの貝殻は放置されたままだったのです。

この宝の山を目の当たりにした古賀は、「本島ノ海産物ヲ採収シ、之ヲ利用シテ国家ノ福利ヲ増シ、県民ノ経済ヲ進メザルベカラズ」と決意を固め、果敢に開発に乗り出すのです。

夜光貝は貝ボタンの原料としてヨーロッパでは重宝されていたし、明治九年にフィラデルフィアで開催の万国博覧会に出品された我が国の貝殻加工品は世界から高く評価され、買い手がつき始めた頃でした。読みは当たりました。古賀商店は徐々に繁栄の道を辿《たど》っていきます。

ただ、彼は利潤追求のみに汲々《きゅうきゅう》としたのではありません。胸中には海洋国家日本の開拓を先んじようとする雄図《ゆうと》が秘められていました。沖縄周辺の海域には前人未踏の群島が多く、これらの島々に熱い眼差しを注ぎ、南島一帯の探検に臨みます。その辛苦経営の消息を前述の資料はこのように伝えています。

「……爾来《じらい》三拾年間ノ星霜《せいそう》ヲ此ノ目的ノ為ニ消費シ、其間幾多ノ辛酸ヲ嘗《な》メ艱苦《かんく》ト闘ヒ経営ノ多クヲ尽シ、以テ本県人民ニ海産業ノ有利ナリヲ知ラシメ、兼《か》ネテ県下ノ無人島タル尖閣列島ノ経営及ビ沖ノ神島ニ於《お》ケル事業ノ基礎ヲ作ルコトヲ得タリ」

「官有地拝借御願」

尖閣諸島の調査に本格的に手を染めたのは明治十七年のことです。折しも憲法

調査のため渡欧していた伊藤博文が帰朝した翌年であり、我が国が名実ともに近代国家として生まれ変わろうとしていた頃でもありました。
まず汽船をチャーターして尖閣諸島の一つ魚釣島《うおつりじま》に探検隊を派遣、翌年にはみずからも乗船して調査に赴いています。その開拓の様子については、長男の善次が語った証言（『現代』昭和四十七年六月号所収「尖閣列島は私の所有地です」）に明らかです。

「当時八重山の漁民の間で、ユクンクバ島（尖閣諸島の久場島《くばじま》）は鳥の多い面白い島だという話が伝わっておりまして、……おやじもそんな話を聞いたんですね。そこで、生来冒険心が強い人間なものだから、ひとつ探険に行こうということになったんですす。明治十七年のことですがね。……翌十八年、父は明治政府に開拓許可を申請しています。しかし、この申請は受理されませんでした。当時の政府の見解として、まだこの島の帰属がはっきりしていないというのがその理由だったようです。……明治政府が尖閣列島を日本領と宣言したのは、父の探険から十一年後の明治二十八年です」

そこで古賀は、明治二十八年に政府が尖閣諸島の領有を宣言するや、再び「官有地拝借御願」を内務大臣に提出するのです。ちなみに、時の大臣は吉田松陰門下の一人野村靖です。

野村は三十年の期間を設けて尖閣諸島のうち魚釣島と久場島の貸与を許可します。宿願を達成した古賀の歓びのほどが偲《しの》ばれます。

藍綬褒章授与の背景

野村大臣を動かした、古賀手ずからの「官有地拝借御願」の冒頭のくだりは次の通りです。

「私儀国内諸種ノ事業ノ日ニ月ニ盛ニ赴キ候割合ニ、大洋中ニ国ヲ為ス国柄ナルニモ係ラズ水産業挙ラザルハ、予《かね》テ憂ヒ居候次第ナレバ、自ラ帆楫《はんしゅう》ノ労ヲ取リ明治十二年以降十五年ニ至ルマデ、或ハ琉球ニ朝鮮ニ航シ専《もっぱ》ラ海産物ノ探検ヲ致候。以来今日マデ居ヲ沖縄ニ定メ尚ホ其業ニ従事致候」

ここに見られるように、古賀の真意は「大洋中ニ国ヲ為ス国柄ナルニモ係ラズ水産業挙ラザル」状況を打開すべく、尖閣諸島の開拓に当たりたいとする点にありました。そのために彼は南西諸島に骨を埋める覚悟を決め、申請の二か月前に本籍を沖縄県那覇に移したほどです。

この冒頭の文に続いて、既往十年余に及んでいかに尖閣諸島の開拓に悪戦苦闘してきたかを綿々《めんめん》と綴《つづ》っています。とりわけ、無尽蔵の魚介類のみならずアホウドリが棲息《せいそく》する貴重な島であり、ヨーロッパ諸国が珍重《ちんちょう》するこの鳥の羽毛は我が国の海外輸出に大いなる貢献をなすものと説き、この島に最も精通する自分に本格的な開発の許可を与え賜らんことを、と熱誠を込めて訴えています。

許可が下りるや、開発は飛躍的に進みました。家屋の建築や井戸の掘削、開墾によって生活の基盤を築いて人を移住させ、魚介類の加工工場や羽毛製造所その他多岐《たき》にわたる施設を設けて発展するのです。

明治三十三（一九〇〇）年に開かれたパリ万国博覧会では、尖閣諸島などで製造した真珠や貝殻類を出品し、見事銅賞を受賞。明治三十六年の内国勧業博覧会では、出品の真珠二点を皇太子殿下が御買上げになるという栄誉にも浴していま す。

明治四十二年、古賀の尖閣諸島をはじめとする目覚ましい開拓事業に対して藍綬褒章が下賜された背景は、以上の業績が評価されてのことでした。

中国も認めていた日本領有

大正七年に古賀辰四郎は六十三歳で死去しますが、この壮大な事業は長男の善次が継ぎました。

しかし大正十五年には三十年に及んだ借地期限も切れてしまう。善次はしばらくの間、借地料を払って経営に当たっていましたが、昭和六年に払い下げを申請し、ついに翌年許可を得ることとなります。この時に尖閣諸島のうち魚釣島を含む四島が善次の所有となったのです。

以上の歴史を前にして、なおかつ中国政府及び台湾の一部勢力が尖閣諸島の領有を言い募るのであれば、善次が遺した次の証言（前掲）を刮目《かつもく》して見よといいたい。

「大正八年、中国福建省の漁船が、尖閣列島沖合いで難破《なんぱ》しました。そのとき、たまたま私の船がそれを発見し、難破船と三十一人の乗組員を助けて石垣島へつれてきて、手厚い保護をしました。私だけでなく、石垣の人たちも彼等を親切にもてなし、修理をおえた船とともに中国へ帰してやったのです。

翌年ですよ、中国政府から私をはじめ石垣の関係者に感謝状が送られてきましてね。その宛名は、日本帝国沖縄県八重山群島尖閣列島でしたよ。いま中国がいっている魚釣台ではなく、ちゃんと尖閣列島になっています。個人からの手紙ではありません、政府としての感謝状なんです」

ここに紹介された中国政府から贈られた「感謝状」は現在も保存されています。今を遡《さかのぼ》ること九十年以上も前から、中国は尖閣諸島は日本の領土であると認識していた決定的な証拠にほかなりません。

こうした事実にもかかわらず、中国や台湾の一部勢力が何故領有権の主張を始めたのか。それは、昭和四十年代後半の国際連合機関による海底調査で、この一帯に豊富な海底油田の可能性が取り沙汰《ざた》されるようになったからです。以降、尖閣諸島周辺に侵犯を繰り返す暴挙が続いているのです。

重ねていいたい。尖閣諸島開拓のパイオニアは我が国の古賀辰四郎・善次父子だったのです。この先覚者の偉業を思う時、直面する領土侵犯は忽《ゆるが》せにできない課題として我々に迫ります。けっして対岸の火事ではないのです。

日本人を勇気づけた皇室の東北御巡幸

激励のビデオメッセージ

東日本大震災発生直後の二〇一一年三月十六日、天皇陛下は異例のビデオメッセージを発表され、被災者の方々、救援活動に当たる自衛隊はじめ多くの人々、さらには日本支援を惜しまない諸外国の友情に対して、激励と御礼のお言葉を賜ったことは、まことに有り難いことでした。

陛下は、被災者が復興に立ち上がろうとする様子を御覧になって、「この大災害を生き抜き、被災者としてのみずからを励ましつつ、これからの日々を生きようとしている人々の雄々しさに深く胸を打たれています」とお述べになりました。

筆者はこのお言葉をテレビで拝聴し、昭和天皇が昭和二十一年の歌会始《うたかいはじめ》に御発表の御製《ぎょせい》を思い出さずにはいられませんでした。

ふりつもるみ雪にたへていろかへぬ松ぞををしき人もかくあれ

未曾有《みぞう》の敗戦直後、荒廃した我が国の運命にお心を痛められながらも、積雪に耐え抜き、凜《りん》として立つ松の木の雄々しさに深くお心を寄せられ、我々もそうありたいとお詠みになったのです。

今上《きんじょう》天皇と先帝陛下に相通う御心情、筆者はそこに国土と国民の危機に心魂を傾けて臨まれる皇室の伝統を仰ぐ心地がします。

そこで当欄では、皇室と東北地方との間にいかなる絆《きずな》が結ばれているのか、以下に紹介することとします。

「東北を激励してやりたい」

東北のみならず全国民を襲った苦難といえば、すぐ思い浮かぶのは終戦直後の混乱期です。この時、昭和天皇は焦土《しょうど》と化した全国を訪ねて国民を励まそうと決意されるのです。その日程は、昭和二十一年二月十九日から同二十九年八月二十三日まで、途中様々な事情で中断を余儀《よぎ》なくされたものの、総日数百六十五日、行程は三万三千キロに及んでいます。

この間、昭和二十二年八月五日から十九日にかけて東北六県を巡幸《じゅんこう》されていますが、はじめ側近の人々は夏場は御静養の時期と思い込んでいたといいます。まして七月には東北地方は大水害に見舞われた直後だったのです。

側近は延期されるよう進言しますが、陛下は頑としてお聞き入れにならず、「東北の運命は真夏にかかっている。東北人の働くありのままの姿を是非この目に見て激励してやりたい」と仰せになって出発されました。「東北の運命」とは水害にさらされた農業の復興を指すお言葉にほかなりません。

全国の出炭量《しゅったんりょう》の四十パーセントを産する福島県の常磐《じょうばん》炭鉱を訪れた時には、地下四百五十メートルまで降りられ、四十度の炎熱《えんねつ》の坑内で働く人々に親しく声をかけられています。

坑夫たちにはあらかじめ万歳などは控えるように通知されていたそうですが、あまりの有り難さに万歳の声が堰《せき》を切ったように上がりました。陛下もこれに応えて御製をお詠《よ》みになっています。

あつさつよき磐城《いわき》の里の炭山《すみやま》にはたらく人ををしとぞ見し

東北の人々にみなぎる「ををしさ」、これこそ国を興《おこ》す底力であるとつくづくとお感じになったのです。そうした思召《おぼしめ》しが惻々《そくそく》と伝わる一首です。

宮城県では、仙台から石巻、さらに塩竈《しおがま》、松島と巡られ、女川《おながわ》の魚市場などを視察。その後、古川（現・大崎市）の県立古川高等学校へ向かわれ、この学校を宿泊所とされました。もちろん、風呂の設備はありませんから、盥《たらい》の水で汗みどろのお身体を拭かれ、教室の床に御座を敷いてお休みになったと伝えられています。

「みくに奉仕団」

古川をお発ちになって栗原郡築館町《つきだて》（現・栗原市）に入ると、陛下はひとかたならぬ関心を示されました。終戦の年の師走、この地の青年六十二名が「みくに奉仕団」を編成し、皇居の清掃活動に上京したことがあったからです。爾来《じらい》、当地では次々と皇居奉仕に赴きました。今日も続く、全国各地からの皇居勤労奉仕の活動はこの栗原郡から始まっているのです。こういう御製をお詠みになっています。

戦《たたかい》にやぶれしあとのいまもなほ民のよりきてここに草とる

その陛下がみちのくの我らが里にはるばるお見え下さる。なんと有り難いことか。栗原郡の人々はそう感涙《かんるい》し、熱誠を込めて奉迎したといいます。

また、水害による被害が甚大だった秋田行幸《ぎょうこう》の折には、

水のまがにくるしみぬきしみちのくの山田もる人をあはれと思ふ

という御製を詠まれ、この地の復興に励む人々に賜っておられます。

二度目の終戦記念日を迎えた八月十五日には、山形県に入られましたが、松ヶ岡開墾地（現・鶴岡市）を訪ねられた際も感慨ひとしおのものがあられたようです。

この開墾地は、戊辰《ぼしん》の役に敗れた庄内藩士三千人が西郷隆盛の勧めで入植、広大な桑園《そうえん》を築き養蚕《ようさん》施設を設けたところでした。実は明治天皇が東北御巡幸（明治十四年）の折に訪問される予定でしたが、当日御発病のため御名代を遣《つか》わされた地だったのです。

陛下はその経緯はもちろん御存知だったはずです。開墾地で説明を聞かれる際、「明治天皇」のお名前が出るたびに、「休めの姿勢から不動の姿勢をとられた」と当時の新聞は報じています。

明治天皇の東北御巡幸

では、昭和天皇に先立つ明治天皇による東北御巡幸とはどのようなものだったのでしょうか。

時は明治九年と十四年、併《あわ》せておよそ百三十日に及ぶ御巡幸でした。ここでは明治九年の消息《しょくそく》を取り上げておきましょう。

実はこの御巡幸は、平成七年に制定された祝日「海の日」に関わりがあるのです。今、この祝日は七月の第三月曜日に移されていますが、制定当初は七月二十日でした。それには歴史的背景があったのです。

もともと戦前の一時期、「海の記念日」が制定されていて、この日が七月二十日でした。その由来は明治に遡《さかのぼ》ります。

明治元年に戊辰の役が勃発、東北の奥羽越《おううえつ》列藩同盟は新政府軍と死力を尽くして戦い、ついに潰滅《かいめつ》します。以来、東北の多くの人々は艱難辛苦《かんなんしんく》の中を生きていました。そうした中、東北の人々から当地発展の契機ともすべく、是非とも陛下の行幸を仰ぎたしとの請願が出されるのです。

こうして、先例のない御巡幸が挙行されることになります。ひとえに、戊辰の役後の人々を親しく慰撫《いぶ》し激励するためにほかなりません。馬車で東京を発たれたのは六月二日、岩倉具視《ともみ》、木戸孝允《たかよし》、大久保利通《としみち》ら総勢百四十名余の供奉《ぐぶ》を率いての御巡幸でした。

行程は、埼玉、宇都宮、日光、福島、宮城、岩手を北上し、最北端の青森まで。そこから明治丸で津軽海峡を渡り函館に停泊、市内を視察された後、同船で函館を出港。三陸沖を南下して七月二十日に横浜港に無事御帰着。この日を「海の記念日」としていたのです。

開墾地へ注がれる御眼差し

この間、東北・函館の人々は熱烈に奉迎しました。天皇も東北を巡りながら、開墾並びに産業の奨励、教育の振興に意を注がれ、訪問の先々で功労者や篤志家《とくしか》をねぎらい、褒賞《ほうしょう》を賜っています。

福島県郡山《こおりやま》では、荒野を切り拓いて出来たばかりの桑野村まで分け入り、開拓者の辛苦に耳を傾けられ、その語るところに深い感動を催されたといいます。この時、総額五万円が下賜《かし》されました。

青森の弘前には旧藩の藩校稽古館を引き継ぐ東奥《とうおう》義塾がありました。明治天皇もこの学校を訪問し見学されていますが、驚くことに英国人教師まで招聘《しょうへい》して英語教育が行われていたのだそうです。実際に生徒十名が英語によるスピーチを天《てん》覧《らん》に供しています。

明治天皇はその進取の気象に甚《はなは》だ感心され、ウェブスター辞書を買う代金にと一人につき金五円を下賜されています。

翌明治十年、この時の生徒のうち五人は米国へ留学。その一人珍《ちん》田捨《だすて》巳《み》は帰国後に母校に勤め、明治十八年には外務省に入省、駐ロシア公使をはじめドイツ、アメリカ、イギリスの大使を歴任、晩年は昭和天皇の侍従長《じじゅうちょう》として二年に及んで仕えました。東北御巡幸のたまものといってよいでしょう。

御巡幸の先々ではほのぼのとした出来事もありました。地元の小学生が天皇様にと蛍一籠《ひとかご》を献上、陛下は喜んで嘉納《かのう》されたといいます。岩手では、太布《ふとの》半纏《ばんてん》と呼ばれる農民の仕事着まで買い上げられています。東北の人々との間に親しく絆を結ぼうと努める君主の面影が偲《しの》ばれてなりません。

被災地に咲いた黄色の水仙

二〇一一年四月二十七日、天皇皇后両陛下は、宮城県にお入りになり、南三陸町と仙台市の避難所を訪問され、床に膝をついて被災者を見舞われた光景は今も記憶に新しいところです。

この時、仙台市の宮城野体育館では、被災者の一人が津波に流された

自宅跡に咲いたという黄色い水仙の花を皇后陛下に献上するシーンがテレビに映し出されていたのが印象的でした。

その昔、明治天皇が手にされた蛍一籠と、この度の水仙の花、皇室と東北とを分かちがたくつなぐうるわしい象徴として筆者は拝したしだいです。

このような由緒を持つ記念日がハッピーマンデーなる不見識な制度によって不明となりつつあるのは返す返すも残念でなりません。

東北に生きる同胞への激励に遠路も遠しとせず臨まれた明治天皇と昭和天皇、今上陛下のお言葉とともに心に刻み、被災地復興への支援に尽くしたいものです。

我が子の供養に母が刻んだ橋の擬宝珠
『堀尾金助と裁断橋』(名古屋市文化財調査保存委員会)
『新編熱田裁断橋物語』(堀尾遺跡顕彰会)
家族を探し歩いた天田愚庵の数奇な一生
『愚庵全集』(政教社出版部)
中柴光泰他編『天田愚庵の世界』(同刊行会)
幸田露伴・文、父と娘の掃除道
幸田文『こんなこと』(創元社)
幸田文『父 その死』(新潮社)

第四章
伊藤仁斎の私塾「古義堂」が結んだ師弟の絆
加藤仁平『伊藤仁斎の学問と教育』(第一書房)
『仁斎日札』(新日本古典文学大系第九十九巻)
稀代の教育者・中江藤樹の学問とその系譜
『藤樹先生全集』(岩波書店)
加藤盛一『中江藤樹』(文教書院)
日本的情緒を育てる道——数学者・岡潔先生の面影
『岡潔集』(学研)
仰げば尊し——小林秀雄先生の「個人授業」
占部賢志『歴史の「いのち」』(モラロジー研究所)
悲運の潜水艇・佐久間勉艇長の遺書と恩師の涙
成田鋼太郎『殉難艇長 佐久間大尉』(博文館)
法本義弘編『正伝 佐久間艇長』(国民社)

第五章
「桃の節句」の終戦秘話——昭和天皇と白川義則大将
鈴木一編『鈴木貫太郎自伝』(時事通信社)
櫻井忠温『大将白川』(松嶽会)
聖徳太子が中国に放った「独立宣言」
坂本太郎『聖徳太子』(吉川弘文館)
川勝守『聖徳太子と東アジア世界』(吉川弘文館)
ロシアと渡り合った幕臣・川路聖謨の面目
川路聖謨『長崎日記・下田日記』(東洋文庫)
徳富蘇峰『近世日本国民史』三十一巻・三十三巻
尖閣諸島開拓に献身した古賀辰四郎・善次の父子鷹
望月雅彦「古賀辰四郎と大阪古賀商店」(南島史学第三十五号所収)
片岡千賀之「古賀辰四郎の事蹟」(『西日本漁業経済論集』二十九巻所収)
日本人を勇気づけた皇室の東北御巡幸
『明治天皇紀』第三巻(吉川弘文館)
『明治文化全集』第一巻(日本評論社)

○主な参考文献一覧

第一章
日本人と鯨の物語
小松正之『クジラと日本人』(青春出版)
吉原友吉『房南捕鯨』(相澤文庫)
アルゼンチン武官の見た日露戦争
『アルゼンチン観戦武官の記録』(日本アルゼンチン協会)
角倉素庵の貫いた「信」の貿易
林屋辰三郎『角倉素庵』(朝日評伝選)
中西易直『近世対外関係史の研究』(吉川弘文館)
「大和魂」の生みの親・紫式部
『源氏物語』(岩波文庫)
吉澤義則『大和魂と万葉歌人』(平凡社)
小林秀雄『本居宣長』(新潮社)
新嘗祭に見る皇室の役割
星野輝興『宮中祭祀の御実際』(日本文化協会)
『明治天皇の御敬神』(神祇院)

第二章
幕末密航留学生、山尾庸三の生涯
兼清正徳『山尾庸三伝』(山尾庸三顕彰会)
犬塚孝明『密航留学生たちの明治維新』(ＮＨＫブックス)
脚気撲滅にかけた海軍軍医、高木兼寛の偉業
東京慈恵会医科大学『高木兼寛伝』
松田誠『脚気をなくした男 高木兼寛伝』(講談社)
赤十字活動の先駆者、高松凌雲の活躍
『高松凌雲翁経歴談』(続日本史籍協会叢書)
吉村昭『夜明けの雷鳴』(文藝春秋社)
ブータン農業開発の功労者、ダショー西岡の奮闘記
西岡京治・里子『ブータン神秘の王国』(ＮＴＴ出版)
木暮正夫『ブータンの朝日に夢をのせて』(くもん出版)
船の安全を守り続けた灯台守の苦難の歴史
『日本の燈台』(毎日新聞社)
山崎富美『燈台を護る人々』(岡村書店)
『貞明皇后』(財団法人 大日本蚕糸会)

第三章
赤穂義士小野寺十内とその妻の哀切の物語
福本日南『元禄快挙録』上中下 (岩波文庫)
片山伯仙編著『赤穂義士の手紙』(同刊行会)
会津戦争に散った中野竹子の悲劇の生涯
平石辨蔵『会津戊辰戦争 増補』(鈴木屋書店)
水沢繁雄『中野竹子と娘子隊』(歴史春秋出版)

○初出一覧

第一章

日本人と鯨の物語（『致知』2010年7月）
アルゼンチン武官の見た日露戦争（『致知』2011年11月）
角倉素庵の貫いた「信」の貿易（『致知』2011年4月）
「大和魂」の生みの親・紫式部（『致知』2011年10月）
新嘗祭に見る皇室の役割（『致知』2012年12月）

第二章

幕末密航留学生、山尾庸三の生涯（『致知』2010年4月）
脚気撲滅にかけた海軍軍医、高木兼寛の偉業（『致知』2011年2月）
赤十字活動の先駆者、高松凌雲の活躍（『致知』2012年10月）
ブータン農業開発の功労者、ダショー西岡の奮闘記（『致知』2012年3月）
船の安全を守り続けた灯台守の苦難の歴史（『致知』2012年11月）

第三章

赤穂義士小野寺十内とその妻の哀切の物語（『致知』2012年1月）
会津戦争に散った中野竹子の悲劇の生涯（『致知』2011年12月）
我が子の供養に母が刻んだ橋の擬宝珠（『致知』2010年9月）
家族を探し歩いた天田愚庵の数奇な一生（『致知』2011年6月）
幸田露伴・文、父と娘の掃除道（『致知』2011年5月）

第四章

伊藤仁斎の私塾「古義堂」が結んだ師弟の絆（『致知』2012年9月）
希代の教育者・中江藤樹の学問とその系譜（『致知』2010年6月）
日本的情緒を育てる道——数学者・岡潔先生の面影（『致知』2012年6月）
仰げば尊し——小林秀雄先生の「個人授業」（『致知』2012年5月）
悲運の潜水艇・佐久間勉艇長の遺書と恩師の涙（『致知』2010年5月）

第五章

「桃の節句」の終戦秘話——昭和天皇と白川義則大将（『致知』2012年4月）
聖徳太子が中国に放った「独立宣言」（『致知』2011年3月）
ロシアと渡り合った幕臣・川路聖謨の面目（『致知』2010年3月）
尖閣諸島開拓に献身した古賀辰四郎・善次の父子鷹（『致知』2011年1月）
日本人を勇気づけた皇室の東北御巡幸（『致知』2011年7月）

著者略歴
占部賢志（うらべ・けんし）
昭和25年福岡県生まれ。九州大学大学院博士課程修了。福岡県の高校教諭を経て、現在、中村学園大学教育学部教授。教職の傍ら、NPO法人アジア太平洋こども会議イン福岡「世界にはばたく日本のこども大使育成塾」塾長、古典輪読会「太宰府斯道塾」塾長、一般財団法人日本教育推進財団顧問などを務める。
著書に『語り継ぎたい美しい日本人の物語』（致知出版社）『歴史の「いのち」』『続・歴史の「いのち」』（ともに公益財団法人モラロジー研究所）DVDシリーズ『語り伝えたい日本人の物語』全4巻（明成社）、共著に『教科書が教えない歴史』全4巻（扶桑社）『決定版高等学校「総合的な学習」実践ガイド』（小学館）などがある。

子供に読み聞かせたい日本人の物語

平成二十五年四月一日第一刷発行

著者　占部　賢志
発行者　藤尾　秀昭
発行所　致知出版社
〒150-0001東京都渋谷区神宮前四の二十四の九
TEL（〇三）三七九六―二一一一
印刷　㈱ディグ　製本　難波製本
落丁・乱丁はお取替え致します。　（検印廃止）

ISBN978-4-88474-992-7　C0095
ホームページ　http://www.chichi.co.jp
Eメール　books@chichi.co.jp